RICARDO MADUREIRA

Acentuação Passo a Passo:
Aprenda Definitivamente

EDITORA
CIÊNCIA MODERNA

Acentuação Passo a Passo: Aprenda Definitivamente

Editor: Paulo André P. Marques
Produção Editorial: Dilene Sandes Pessanha
Capa: Daniel Jara
Diagramação: Carlos Arthur Candal

FICHA CATALOGRÁFICA

MADUREIRA, Ricardo

Acentuação Passo a Passo: Aprenda Definitivamente

Rio de Janeiro: Editora Ciência Moderna Ltda., 2022.

1. Gramática
I — Título

ISBN: 978-65-5842-163-4 CDD 469.5

Editora Ciência Moderna Ltda.
R. Alice Figueiredo, 46 – Riachuelo
Rio de Janeiro, RJ – Brasil CEP: 20.950-150
Tel: (21) 2201-6662/ Fax: (21) 2201-6896
E-MAIL: LCM@LCM.COM.BR
WWW.LCM.COM.BR **06/22**

À minha mãe (in memoriam)
Uma amiga para todos os momentos e uma entusiasmada incentivadora dos meus sonhos e projetos!

Deus não poderia estar em todos os lugares, então Ele inventou as mães. (ditado judaico)

APRESENTAÇÃO

COMO USAR ESTE LIVRO? (SUGESTÕES)

Este livro é eminentemente prático: foi concebido para ajudar o leitor a compreender a acentuação gráfica passo a passo, das noções mais elementares para as mais complexas, gradativamente, por isso sugerimos que seja estudado na sequência em que é apresentado.

CONHECIMENTOS PRELIMINARES

Este livro pressupõe alguns conhecimentos básicos. Você sabe classificar as palavras quanto à posição da sílaba tônica (oxítonas, paroxítonas, proparoxítonas)? Quanto ao número de sílabas (monossílaba, dissílaba, trissílaba, polissílaba)? Sabe distinguir os encontros vocálicos (hiato, ditongo, tritongo)? Sabe diferenciar ditongo crescente de ditongo decrescente? Sabe diferenciar dígrafo de encontro consonantal?

Enfim, sugerimos que, caso você não tenha segurança nessas áreas, consulte o capítulo de Fonética (ou Fonologia) de uma boa gramática, preferencialmente escolar (isto é, não dirigida a especialistas, mas ao público em geral).

EXERCÍCIOS COM RESPOSTAS

Sugerimos adotar os seguintes passos para um estudo frutífero de cada unidade:

1) Leia a teoria atenciosamente, no mínimo duas vezes;

2) resolva os exercícios numa folha à parte, uma primeira vez. Não confira as respostas ainda. Reserve;

3) releia a teoria, com redobrada atenção; desta vez, resolva as questões no livro (sugerimos que o faça a lápis). Compare com a primeira versão: você modificou alguma resposta depois da releitura? Por quê? Enfim, compare as duas etapas;

4) agora vá ao gabarito e confira suas respostas; sugerimos que você leia, onde houver, os comentários apontados, mesmo que você tenha acertado, pois tais comentários podem ampliar seu conhecimento no assunto;

5) antes de prosseguir à próxima unidade, releia rapidamente a teoria do capítulo anterior;

6) repita o esquema acima até o fim da obra!

Não se esqueça de que, tão importante quanto a leitura teórica, é encontrar um método de estudo consistente, no qual você repita os procedimentos de forma eficiente e otimizada.

Todos os esforços, por parte do autor e do time editorial, foram feitos para que este livro não contenha erros. Caso o leitor encontre algum, solicitamos que entre em contato com a editora, que encaminhará a dúvida ao autor, para esclarecimento e posterior correção numa possível reedição futura desta obra. Agradecemos antecipadamente pela crítica construtiva que o leitor porventura queira compartilhar conosco.

Bom trabalho!

O Autor

Sumário

1
ACENTUAÇÃO DAS MONOSSÍLABAS TÔNICAS

❶ Não se acentuam **monossílabas átonas**, por razão óbvia: acentos gráficos somente são empregados em **sílaba tônica**; assim, comparemos:

Eu gosto do rapaz. (**monossílaba átona**; contração de "de" + "o")
Sinto um dó desse rapaz. (**monossílaba tônica**; "pena")

❷ Acentuam-se as **monossílabas tônicas** apenas quando terminadas em "a", "e", "o", seguidas ou não de "s":

A – c*á*, d*á* (dar), l*á*, p*á*(s), etc.;
E – f*é*, l*ê* (ele ~), l*ê*s (tu ~), m*ê*s, p*é*(s), etc.;
O – c*ó*s, p*ó*(s), p*ô*s (eu pus, ele ~), v*ó*, v*ô*, etc.

☞ **OBSERVAÇÕES:**
1ª) Se o **verbo** for seguido de **pronomes oblíquos átonos** (*me, te, se,* etc.), devem-se desconsiderá-los para a acentuação: "dá-lo", "vê-lo", "pôs-se", etc. 2ª) O **til** não é, a rigor, acento gráfico: trata-se de uma **notação léxica**. Nas palavras **monossílabas tônicas** (ou **oxítonas**) exerce, no entanto, dupla função: *fã, lã, cãs,* etc.; **oxítonas**: confrontem-se: *manha* (astúcia) e *manhã*.

❸ As terminadas em "i(s)" ou "u(s)" nunca devem ser acentuadas: cr*u*(s), l*i*, n*u*(s), t*i*, t*u*, v*i*, etc.

❹ Há **monossílabas** que podem ser **átonas** ou **tônicas**, de acordo com o sentido; por exemplo: "dá" (**verbo** *dar*) e "da" (**preposição** *de* + *a*); "de" (**preposição**) e "dê" (**verbo**); "no" (**preposição** *em* + *o*) e "nó" ("laço"); "más" (**adjetivo**, feminino de "maus") e "mas" (**conjunção adversativa**, significando "porém"):

Sinto um nó na garganta e um aperto no peito.
A moça da loja dá um beijo no namorado.
Dê mais de si mesmo no seu trabalho.
Elas são mesmo muito más, mas são inteligentes.

❺ A **monossílaba** *que* pode figurar como **átona** ou **tônica**, dependendo da posição na frase, ou se empregada como **substantivo**:

Que você disse? **(átona)**

Você disse o quê? (**tônica**: em final de frase)

Não sei para quê, mas ele sempre insiste. (em forte pausa suspensiva)

Seu sorriso tinha um quê de irônico. (**substantivo**)

❻ **Acentos diferenciais**: Vimos que acentuamos as **monossílabas tônicas** terminadas em "o(s)". A palavra "pôr", no entanto, é **tônica (verbo)** ou **átona** (**preposição**), caso em que o acento é meramente diferencial (não se trata de exceção à regra geral):

Vou pôr as roupas na lavadeira. (**verbo**)

Vamos passar por aqui, pois é mais perto. (**preposição**)

☞ **OBSERVAÇÃO:**

Cuidado! Não se acentua o **infinitivo** dos **verbos derivados** de *pôr*, tais como os seguintes: com*por*, im*por*, re*por*, su*por*, etc.

❼ Não se acentuam **monossílabas tônicas** fora das terminações listadas no primeiro parágrafo; no entanto, há acento **diferencial** (de singular e plural) nas formas da terceira pessoa do plural dos **verbos** *ter* e *vir*:

Você tem um cigarro? (singular, sem acento)

Eles não têm o hábito de fumar. (plural, com acento)

De onde você vem? (singular, sem acento)

Não sei dizer de onde eles vêm. (plural, com acento)

❽ A palavra "pra" (forma coloquial de "para a") é **átona**; não deve, portanto, ser acentuada.

EXERCÍCIOS

① As palavras seguintes são monossílabas tônicas; acentue-as, quando necessário:

as (carta de jogar)
c*a*
ch*a*
cr*e*
cr*i*
cr*u*
d*a*-lhe
d*a*-nos
d*e*-lhe
d*e*-nos
f*e*
f*e*-lo
f*i*-lo
j*a*
l*a*
l*e*
l*i*
l*i*-o
m*a* (ruim)
m*u* (muar)
n*o(s)* (laços)
n*u*
p*a*
p*a*z
p*e(s)*
p*e*z (resina)
p*i* (letra grega)
p*os* (após)
p*os* (pôr)
p*us*
p*us*-lhe
r*es* (animal)
s*i*
t*e*-lo
t*e*z (cútis)
t*i*
tr*as* (atrás)
tr*a*z (trazer)
t*u*
v*a*
v*e*
v*es* (eu vejo, tu ~)
v*e*z
v*i*
v*os* (pronome)

② Acentue, se necessário, as monossílabas tônicas destacadas:

1. Se eu creio, por que tu também não cres?
2. Por que vocês não vem ate aqui e tomamos um cha?
3. Ele não cre no que viu, mas eu cri.
4. Não se deve consumir este alimento cru.
5. Quando ja não se tem fe, a vida fica difícil.
6. Eu li, por que você também não le?
7. Não seja uma pessoa ma.
8. O triste mu de carga trabalha muito.
9. Ele está fazendo uma pos à distância.

10. Ja pus meu nome na lista, e voce, pos o seu também?
11. Quando olho para tras, so consigo pensar em ti.
12. Tu não ves que toda vez nos nos ofendemos?
13. Onde ides vos assim, o meus irmãos?
14. Va ainda este mes, se possível.
15. Se atencioso para com teus pais e tu serás feliz.

③ **Sublinhe a opção correta:**

1. *(Que/Quê)* você *(tem/têm)*, *(que/quê)* está triste assim?
2. Vocês *(tem/têm)* muito dinheiro, portanto parem de reclamar.
3. Na terra de onde vocês *(vem/vêm)*, também *(ha/há)* estes costumes?
4. Qual o *(que/quê)*! Ele não *(tem/têm)* onde cair morto.
5. O que vocês *(tem/têm)*? Parecem tão apreensivos...
6. Ela disse algo, mas não ouvi bem o *(que/quê)*.
7. No seu olhar havia um *(que/quê)* de melancolia.
8. *(Que/Quê)* você pretende fazer a respeito?
9. A respeito disso, você pretende fazer o *(que/quê)*?
10. Não são pessoas inteiramente *(mas/más)*, *(mas/más)* procure evitá-las.
11. Não se *(de/dê)* ao trabalho *(de/dê)* me ligar novamente.
12. *(Se/Sê)* bom e *(tu/tú)* serás recompensado, meu amigo.
13. Às vezes *(da/dá)* uma vontade de desistir *(da/dá)* luta.
14. Já não disse a *(ti/tí)* que não *(des/dês)* ouvido a ela?
15. Vocês sempre *(vem/vêm)* aqui, *(mas/más)* não sei para *(que/quê)*.
16. Da *(pre/pré)*-escola à *(pos/pós)*-graduação, levam-se anos!
17. Vamos *(por/pôr)* os livros aqui, *(por/pôr)* enquanto.
18. Precisamos *(repor/repôr)* os estoques o quanto antes!
19. Ele é um verdadeiro *(as/ás)* no xadrez. É um jogador imbatível.
20. *(O/Ó)* Conceição, *(ve/vê)* quem está batendo à porta, *(por/pôr)* favor!

④ **Sublinhe onde há erro (pelo acento ou por sua ausência):**

( ) c*ó*s (cinta)
( ) crê
( ) cr*í* (crer)
( ) cr*ú*
( ) d*a*-lo
( ) f*e*
( ) f*i*-lo (fiz + o)
( ) flôr
( ) j*a*
( ) l*á*

( ) l*ê*
( ) lês
( ) l*í*
( ) m*á* (cruel)
( ) n*ú*(s)
( ) pô-lo
( ) pr*o*s (vantagens)
( ) rés (réus)
( ) rês (animal)
( ) s*í*

( ) s*o* (somente)
( ) t*í*
( ) tr*á*s
( ) tr*á*z (trazer)
( ) trêm
( ) três
( ) t*ú*
( ) v*e*-la
( ) vês (ver)
( ) vêz

⑤ **Acentue, se necessário, e justifique, como nos exemplos:**

Ex.: 1 – p*a*: pá - Acentuam-se monossílabas tônicas terminadas em "a(s)", "e(s)" "o(s)".

Ex.: 2 – cr*u*: cru - Não se acentuam monossílabas tônicas terminadas em "i(s)", "u(s)".

- cr*e*
- h*a*
- m*e*s
- n*u*
- p*o*

- s*i*
- s*o*
- t*i*
- t*u*
- v*a*

RESPOSTAS

①

ás, cá, chá, crê, cri, cru, dá-lhe, dá-nos, dê-lhe, dê-nos, fé, fê-lo, fi-lo, já, lá, lê, li, li-o, má, mu, nó(s), nu, pá, paz, pé(s), pez, pi, pós, pôs, pus, pus-lhe, rês, si, tê-lo, tez, ti, trás, traz, tu, vá, vê, vês, vez, vi, vós

②

1. tu, crês
2. vêm, até, chá
3. crê, cri
4. cru
5. já, se, tem, fé
6. li, lê
7. má
8. mu
9. pós
10. pus, pôs
11. trás, só, ti
12. tu, vês, vez, nós, nos
13. vós, ó
14. vá, mês
15. sê, tu

③

1. *(Que/Quê)* você *(tem/têm)*, *(que/quê)* está triste assim?
2. Vocês *(tem/têm)* muito dinheiro, parem de reclamar.
3. Na terra de onde vocês *(vem/vêm)*, também *(ha/há)* estes costumes?
4. Qual o *(que/quê)*! Ele não *(tem/têm)* onde cair morto.
5. O que vocês *(tem/têm)*? Parecem tão apreensivos...
6. Ela disse algo, mas não ouvi bem o *(que/quê)*.
7. No seu olhar havia um *(que/quê)* de melancolia.
8. *(Que/Quê)* você pretende fazer a respeito?
9. A respeito disso, você pretende fazer o *(que/quê)*?
10. Não são pessoas *(mas/más)*, *(mas/más)* procure evitá-las.
11. Não se *(de/dê)* ao trabalho *(de/dê)* me ligar novamente.
12. *(Se/Sê)* bom e *(tu/tú)* serás recompensado, meu amigo.
13. Às vezes *(da/dá)* uma vontade de desistir *(da/dá)* luta.
14. Já não disse a *(ti/tí)* que não *(des/dês)* ouvido a ela?
15. Vocês sempre *(vem/vêm)* aqui, *(mas/más)* não sei para *(que/quê)*.
16. Da *(pre/pré)*-escola à *(pos/pós)*-graduação, levam-se anos!
17. Vamos *(por/pôr)* os livros aqui, *(por/pôr)* enquanto.
18. Precisamos *(repor/repôr)* os estoques o quanto antes!
19. Ele é um verdadeiro *(as/ás)* no xadrez. É um jogador imbatível.
20. *(O/Ó)* Conceição, *(ve/vê)* quem está batendo à porta, *(por/pôr)* favor!

④

Correção: cri, cru, dá-lo, fé, flor, já, li, nu(s), prós, si, só, ti, traz, trem, tu, vê-la, vez

⑤

- crê: Acentuam-se as monossílabas tônicas terminadas em "a(s)", "e(s)", "o(s)".
- há: Acentuam-se as monossílabas tônicas terminadas em "a(s)", "e(s)", "o(s)".
- mês: Acentuam-se as monossílabas tônicas terminadas em "a(s)", "e(s)", "o(s)".
- nu: Não se acentuam as monossílabas tônicas terminadas em "i(s)", "u(s)".
- pó: Acentuam-se as monossílabas tônicas terminadas em "a(s)", "e(s)", "o(s)".
- si: Não se acentuam as monossílabas tônicas terminadas em "i(s)", "u(s)".
- só: Acentuam-se as monossílabas tônicas terminadas em "a(s)", "e(s)", "o(s)".
- ti: Não se acentuam as monossílabas tônicas terminadas em "i(s)", "u(s)".
- tu: Não se acentuam as monossílabas tônicas terminadas em "i(s)", "u(s)".
- vá: Acentuam-se as monossílabas tônicas terminadas em "a(s)", "e(s)", "o(s)".

2
ACENTUAÇÃO DAS OXÍTONAS

❶ A regra das **oxítonas** é a mesma das **monossílabas tônicas**, acrescentando-se as terminações "em" e "ens"; acentuam-se, portanto, as terminadas em:

A(S) – Amap*á*, caj*á*, convid*á*-lo, jatob*á*, lil*á*s, Par*á*, etc.;
E(S) – caf*é*, burgu*ê*s, carn*ê*, esquec*ê*-lo, voc*ê*, etc.;
O(S) – av*ó*, av*ô*, av*ó*s, cip*ó*, compl*ô*, rep*ô*-lo, rob*ô*, etc.;
EM – am*ém*, algu*ém*, Bel*ém*, ningu*ém*, tamb*ém*, etc.;
ENS – armaz*éns*, parab*éns*, ref*éns*, vint*éns*, etc.

❷ As terminadas em "i(s)" ou "u(s)" nunca são acentuadas quando essas **vogais** vêm precedidas de **consoante**:

I(S): a<u>l</u>*i*, divi<u>d</u>*i*-lo, jabu<u>t</u>*i*, repar<u>t</u>*i*-lo, sa<u>c</u>*i*, etc.;
U(S): bam<u>b</u>*u*, ca<u>j</u>*u*, o<u>b</u>*us*, ta<u>t</u>*u*, uru<u>b</u>*u*, etc.

❸ Se essas **vogais** formam **hiato** (seguidas ou não de "s"), o acento é obrigatório:

a*í* (a-í, **dissílaba**) (confronte-se: "ai", **monossílaba**)
aça*í* (a ça í), ba*ú* (ba ú), Hava*í* (Ha va í), Lu*í*s (Lu-ís), Paranava*í* (Pa-ra-na-va-í), Ta*í*s (Ta-ís), etc.

☞ **OBSERVAÇÕES:**
O acento é fundamental nos **hiatos** para diferenciá-los dos **ditongos**; compare, por exemplo, os pares "sai" e "saí": Ele <u>sai</u> da escola às 17h. (**presente do indicativo**) ("sai", **monossílaba**, **ditongo**) e Ontem <u>saí</u> mais cedo da escola. (**pretérito perf. do indicativo**) ("sa-í", **dissílaba**, **hiato**)

❹ Palavras **oxítonas** derivadas dos **verbos** *ter* e *vir* (tais como con*ter*, con*vir*, de*ter*, pro*vir*, sobre*vir*, etc.) recebem acento agudo na terceira pessoa do singular e circunflexo na terceira pessoa do plural:

<u>Este livro</u> con*tém* informações imprecisas.
<u>Estas caixas</u> con*têm* livros.

Isso não nos conv*é*m.
Suas colocações não conv*ê*m.
O segurança de*t*ém os assaltantes.
Esses professores se de*t*êm em detalhes.

EXERCÍCIOS

① As seguintes palavras são todas oxítonas; acentue-as, se necessário (lembrete: algumas delas podem ocorrer como paroxítonas, com outro sentido):

abacax*i*
aç*ai*
al*em*
al*i*
am*a*-lo
am*em*
am*or*
anan*as*
ang*u*
aqu*em*
armaz*em*
armaz*ens*
at*or*
Barueri (cidade)
Baur*u* (cidade)
Birigu*i* (cidade)
camel*o*

caqu*i*
car*ne*
chuch*u*
compl*o*
comp*o*-lo
conhec*e*-lo
divid*i*-lo
escass*ez*
est*a* (eu estou, ele...)
est*as* (eu estou, tu...)
far*as* (eu farei, tu...)
franc*es*
fregu*es*
guaran*a*
igl*u*
isop*or*
Itapev*i* (cidade)

It*u* (cidade)
jacarand*a*
ler*a* (eu lerei, ele...)
piraruc*u* (peixe)
portugu*es*
rep*o*-lo
rob*o*
roub*a*-lo
saber*a*
talv*ez*
tambaqu*i*
tat*u*
trar*a* (eu trarei, ele...)
umb*u* (fruta)
urut*u* (cobra)

② **Atente para as seguintes oxítonas terminadas em "i" ou "u" e decida se devem ser acentuadas:**

al*i*
ang*u*
Anhagaba*u* (A-nha-ga-ba-u)
aqu*i*
atra*i*-lo (a-tra-i[-lo])
babaç*u*
ba*u*
baur*u* (sanduíche)
ba*us* (ba-us)
chuch*u*
comp*u*-lo (compor + o)
conduz*i*-lo
da*i* (da-i = então)
destru*i*-lo
divid*i*-lo
Ema*us* (E-ma-us)
esqu*i*
gar*i*
igl*u*
Iguaç*u* (Foz do ~)
instru*i*-lo
jatai (ja-ta-i; abelha)
Per*u* (país)
reb*u* (rebuliço)
ref*i*-lo (refiz + o)
repart*i*-lo
rep*u*-lo (repus + o)
sac*i*
sapot*i*
Tamanduate*i* (Ta-man-du-a-te-i)
Tamba*u* (Tam-ba-u)
urub*u*
usufru*i*-lo
xix*i*
zeb*u*

③ **As regras de acentuação podem ser aplicadas normalmente a nomes próprios (ou apelidos); todos os seguintes são oxítonos. Acentue-os, se necessário:**

Andr*e*
Aracaj*u* (SE)
Barуer*i* (SP)
Baur*u* (SP)
Botucat*u* (SP)
Icoarac*i* (Belém)
Caet*es* (MG)
Cambori*u* (Cam-bo-ri-u; SC)
Careaç*u* (MG)
Caruar*u* (PE)
Cear*a*
Lel*e* (Alessandro)
Dav*i*
Graja*u* (Gra-ja-u; bairro de SP)
Gravata*i* (Gra-va-ta-i; RS)
Guaicur*us* (Rua dos ~)
Guarapar*i* (ES)
Mim*i* (a gata ~)

In*es*
Irand*e*
Itacar*e* (BA)
Itaja*i* (I-ta-ja-i; SC)
Itanha*em* (I-ta-nha-em; SP)
It*u* (SP)
Josaf*a*
Jos*e*
Jundia*i* (Jun-di-a-i; SP)
Lal*a*

Lil*i*
Lu*is*
Lu*iz*
Lul*u*
Maca*e* (Ma-ca-e; RJ)
Macap*a* (AP)
Maceio (Ma-ce-io; AL)
Maracana*u* (...ca-na-u; CE)
Maril*u*
Mau*a* (Mau-a; SP)

Our*em* (PA)
Panam*a*
Par*a*
Paran*a*
Santar*em* (PA)
Sodr*e*
Ta*is*
Tet*e* (Teresa)
Tiet*e* (rio)
Zabel*e*

④ Todas as palavras a seguir são oxítonas; acentue-as, se necessário, e justifique (como na unidade anterior). Para você não acentuar “de cor” (isto é, de memória), incluímos algumas palavras raras (as terminações são as suas pistas).

- ador*a*-lo
- atrav*es*
- Bambu*i* (Bam-bu-i, MG)
- Barue*ri* (SP)
- (o) bisav*o*
- boitat*a* (cobra lendária)
- cabur*e* (coruja)
- Camet*a* (cidade do PA)
- canjer*e* (feitiçaria)
- Caraj*as* (cidade do PA)
- carimb*o* (dança)
- carumb*e* (animal)
- convenc*e*-lo
- har*ens*
- hind*u*
- jabut*i*
- libr*e* (farda)
- Manhuaç*u* (cidade de MG)
- seduz*i*-la
- tra*i*-lo (tra-i)
- Tuval*u* (país na Oceania)
- vint*em* (moeda)

RESPOSTAS

①

abacaxi, açaí, além, ali, amá-lo, amém, amor, ananás, angu, aquém, armazém, armazéns, ator, Barueri, Bauru, Birigui, camelô, caqui, carnê, chuchu, complô, compô-lo, conhecê-lo, dividi-lo, escassez, está, estás, farás, francês, freguês, guaraná, iglu, isopor, Itapevi, Itu, jacarandá, lerá, pirarucu, português, repô-lo, robô, roubá-lo, saberá, talvez, tambaqui, tatu, trará, umbu, urutu

②

ali, angu, Anhagabaú, aqui, atraí-lo, babaçu, baú, bauru, baús, chuchu, compu-lo, conduzi-lo, daí, destruí-lo, dividi-lo, Emaús, esqui, gari, iglu, Iguaçu, instruí-lo, jataí, Peru, rebu, refi-lo, reparti-lo, repu-lo, saci, sapoti, Tamanduateí, Tambaú, urubu, usufruí-lo, xixi, zebu

③

André, Aracaju, Barueri, Bauru, Botucatu, Caetés, Camboriú, Careaçu, Caruaru, Ceará, Davi, Grajaú, Gravataí, Guaicurus, Guarapari, Icoaraci, Inês, Irandé, Itacaré, Itajaí, Itanhaém, Itu, Josafá, José, Jundiaí, Lalá, Lelê, Lili, Luís, Luiz, Lulu, Macaé, Macapá, Maceió, Maracanaú, Marilu, Mauá, Mimi, Ourém, Panamá, Pará, Paraná, Santarém, Sodré, Taís, Tetê, Tietê, Zabelê

④

adorá-lo: Acentuam-se as oxítonas terminadas em "a(s)", "e(s)", "o(s)", "em", "ens".
através: Acentuam-se as oxítonas terminadas em "a(s)", "e(s)", "o(s)", "em", "ens".

Bambuí: Acentuam-se as oxítonas terminadas em “i(s)”, “u(s)” apenas quando essas vogais formam hiato.

Barueri: Não se acentuam as oxítonas terminadas em “i(s)”, “u(s)” quando essas vogais vêm precedidas de consoante.

bisavô: Acentuam-se as oxítonas terminadas em “a(s)”, “e(s)”, “o(s)”, “em”, “ens”.

boitatá: Acentuam-se as oxítonas terminadas em “a(s)”, “e(s)”, “o(s)”, “em”, “ens”.

caburé: Acentuam-se as oxítonas terminadas em “a(s)”, “e(s)”, “o(s)”, “em”, “ens”.

Cametá: Acentuam-se as oxítonas terminadas em “a(s)”, “e(s)”, “o(s)”, “em”, “ens”.

canjerê: Acentuam-se as oxítonas terminadas em “a(s)”, “e(s)”, “o(s)”, “em”, “ens”.

Carajás: Acentuam-se as oxítonas terminadas em “a(s)”, “e(s)”, “o(s)”, “em”, “ens”.

carimbó: Acentuam-se as oxítonas terminadas em “a(s)”, “e(s)”, “o(s)”, “em”, “ens”.

carumbé: Acentuam-se as oxítonas terminadas em “a(s)”, “e(s)”, “o(s)”, “em”, “ens”.

convencê-lo: Acentuam-se as oxítonas terminadas em “a(s)”, “e(s)”, “o(s)”, “em”, “ens”.

haréns: Acentuam-se as oxítonas terminadas em “a(s)”, “e(s)”, “o(s)”, “em”, “ens”.

hindu: Não se acentuam as oxítonas terminadas em “i(s)”, “u(s)” quando essas vogais vêm precedidas de consoante.

jabuti: Não se acentuam as oxítonas terminadas em “i(s)”, “u(s)” quando essas vogais vêm precedidas de consoante.

libré: Acentuam-se as oxítonas terminadas em “a(s)”, “e(s)”, “o(s)”, “em”, “ens”.

Manhuaçu: Não se acentuam as oxítonas terminadas em "i(s)", "u(s)" quando essas vogais vêm precedidas de consoante.
seduzi-la: Não se acentuam as oxítonas terminadas em "i(s)", "u(s)" quando essas vogais vêm precedidas de consoante.
traí-lo: Acentuam-se as oxítonas terminadas em "i(s)", "u(s)" apenas quando essas vogais formam hiato.
Tuvalu: Não se acentuam as oxítonas terminadas em "i(s)", "u(s)" quando essas vogais vêm precedidas de consoante.
vintém: Acentuam-se as oxítonas terminadas em "a(s)", "e(s)", "o(s)", "em", "ens".

3
ACENTUAÇÃO DAS PAROXÍTONAS & PROPAROXÍTONAS

❶ Todas as palavras **proparoxítonas** são acentuadas, independentemente da terminação, sem exceção (sílabas tônicas destacadas em itálico): *ár*vore, gra*má*tica, *lâm*pada, *frê*mito, *lé*pido, *flâ*mula, etc.

❷ Todas são acentuadas porque existem em menor número na nossa língua; é como se constituíssem um “desvio” — daí serem chamadas também de “esdrúxulas” — ao padrão (a maioria são **paroxítonas**, não acentuadas). Assim, para deixar claro qual é o **acento prosódico**, marcam-se com acento gráfico todas elas, para que se evite uma **silabada** (erro de pronúncia).

❸ As **paroxítonas** seguem princípio oposto ao das **oxítonas**: já que as **oxítonas** terminadas em A(S), E(S), O(S), EM e ENS são acentuadas, **paroxítonas** com essas mesmas terminações não são acentuadas (atente, nos exemplos, às **oxítonas**, entre parênteses):

A(S) – am*a* (compare: am*á*-lo), bab*a* (cp.: bab*á*), est*a* (cp: est*á*), par*a* (cp.: Par*á*);
E(S) – beb*e* (cp.: beb*ê*), carn*e* (cp.: carn*ê*), tev*e* (ter) (cp.: tev*ê*) (televisão);
O(S) – camel*o* (cp.: camel*ô*), coc*o* (cp.: coc*ô*), mai*o* (cp.: mai*ô*);
EM – am*em* (amar) (cp.: am*ém*), id*em*, it*em* (cp: ref*ém*, tamb*ém*), etc.;
ENS – ed*ens*, it*ens*, hif*ens* (cp: ref*éns*, armaz*éns*), etc.

❹ Uma vez que não acentuamos **oxítonas** terminadas pelas vogais I(S) e U(S) (precedidas de **consoante**), as **paroxítonas** com essas terminações são acentuadas (compare com as **oxítonas**, entre parênteses):

I(S) – beribér*i*, biquín*i*, cáqu*i* (cor) (cp.: caqu*i* fruta), júr*i*, miosót*is* (flor), ravióli*i*, etc.;
U(S) – húm*us*, lúp*us*, vír*us* (cp.: ob*us*), etc.

☞ OBSERVAÇÕES:

1ª) **Paroxítonas** terminadas em "ã(s)" são sempre acentuadas: ímã, dólmã, Bálcãs (ou "Balcãs", **oxítona**), etc.
2ª) As terminadas por "em" e "ens" não são acentuadas porque essas terminações já preveem acento nas **oxítonas**, mas as terminadas por "n" são acentuadas: éde*n* (mas: ede*ns*), hífe*n* (mas: hife*ns*), póle*n* (mas: pole*ns*), etc. Não se trata de exceções, pois outras paroxítonas terminadas por "ens" não são acentuadas: hom*ens*, jov*ens*, nuv*ens*, etc.
3ª) Também não se acentuam as **paroxítonas** terminadas em "am".

❺ Todas as palavras **paroxítonas** terminadas em **ditongo** (de qualquer tipo), seguidos ou não de "s", são acentuadas, sem exceção:

* **ditongos crescentes orais**:
ár*ea*, nív*eo*, histór*ia*, lír*io*, amênd*oa*, árd*uo*, etc.

* ditongos **decrescentes** orais:
jóqu*ei*(s), fác*ei*s, fóss*ei*s, fôss*ei*s, pôn*ei*(s), etc.

* **ditongos nasais**:
gólf*ão*, órf*ão*, órg*ão*, sót*ão*, etc.

Certas palavras **paroxítonas** terminadas em **ditongo crescente** são consideradas, dependendo da emissão do **encontro vocálico**, como **proparoxítonas eventuais**. Tomemos a palavra "amêndoa", por exemplo: nela, o "o" pode soar como "ô" (neste caso ocorreria hiato: "a-mên-do-a" e a palavra seria, portanto, **proparoxítona**), ou pode soar como "u" (**semivogal**): "amênd*u*a", daí constituiria **paroxítona** terminada em **ditongo**: "a-mên-d*oa*".

Em geral, o conceito de **proparoxítona eventual** é bastante discutível porque esbarra na questão da diversidade linguística de pronúncia em um território tão vasto como o país brasileiro.

Apenas a título de exemplificação, os **ditongos crescentes** que, eventualmente, constituiriam palavras **proparoxítonas eventuais** são os seguintes:

ea: ár*ea* ("á-rea") ou ("á-re-a")
eo: ól*eo* ("ó-leo") ou ("ó-le-o")
ia: histór*ia* ("his-tó-ria") ou ("his-tó-ri-a")
ie: sér*ie* ("sé-rie") ou ("sé-ri-e")
io: lír*io* ("lí-rio") ou ("lí-ri-o")

oa: mág*oa* ("má-goa") ou ("má-go-a")
ua: ág*ua* ("á-gua") ou ("á-gu-a")
ue: tên*ue* ("tê-nue") ou ("tê-nu-e")
uo: ingên*uo* ("in-gê-nuo") ou ("in-gê-nu-o")

❻ Pode-se resumir a acentuação das palavras **paroxítonas** com base no quadro seguinte; observe:

QUADRO DE OPOSIÇÃO ENTRE OXÍTONAS E PAROXÍTONAS		
TERMINAÇÕES → (acentuam-se?)	A(S), E(S), O(S), EM, ENS	OUTRAS TERMINAÇÕES
OXÍTONAS	sim	não
PAROXÍTONAS	não	sim

(Quadro extraído de Moreno, C. Porto Alegre: L&PM – com adaptações)

As terminações L, R, N, X, PS, Ã(S), UM, UNS, OM, ON(S), GUAM, GUEM, I(S) e U(S) (as duas últimas, quando precedidas de consoantes) são as "outras terminações" a que nos referimos no quadro acima; vamos contrastar algumas delas:

PAROXÍTONA (com acento)	**OXÍTONA (sem acento)**
portátil (por-tá-ti*l*)	cascavel (cas-ca-ve*l*)
éter (é-te*r*)	vapor (va-po*r*)
iâmdom (i-âm-d*om*)	batom (ba-t*om*)
prótons (pró-t*ons*)	batons (ba-t*ons*)
biquíni (bi-quí-n*i*)	jabuti (ja-bu-t*i*)
vírus (ví-r*us*)	caju(s) (ca-j*us*)

❼ Não se acentuam os **prefixos** terminados em "i" ou "r" (apesar de essas terminações preverem acento nas paroxítonas), pois se trata de elementos átonos; exemplos: min*i*-, supe*r*- e hipe*r*-; note-se, entretanto, o caso seguinte, em que o prefixo "mini" passou a ter existência autônoma (funcionando como **substantivo**), designando "dicionário" ou "minissaia"; comparemos:

Vou consultar esta palavra no meu míni. (minidicionário) e
Ela usava uma míni à moda dos anos 60. (minissaia)

OBSERVAÇÕES:

1ª) A maioria absoluta das palavras **paroxítonas** não têm acento, isto porque elas constituem a maior parte do nosso vocabulário; as regras, acertadamente, evitam assim um excesso de acentos na língua escrita;

2ª) não se devem acentuar **paroxítonas** terminadas em "e" ou "o" (reveja o quadro de oposição) quando essas vogais têm timbre fechado; comparem-se: "s*e*de" (ê) (necessidade de beber água) e "s*e*de" (é) (administração); "esf*o*rço" (ô) (singular) e "esf*o*rços" (ó) (plural), etc. Outros exemplos: "esp*e*lho", "apar*e*lho", "soc*o*rro" (plural: "soc*o*rros" [ó]), "pess*o*a", "fl*o*res", etc.

❽ Atente para este erro comum de acentuação, em palavras como "matemáticamente", "numéricamente", "gramáticalmente", etc. Observe que, nas referidas palavras, o acento está sobre a quinta sílaba (contada de trás para frente), e isso simplesmente não é possível na língua portuguesa.

O acento só ocorre até a terceira sílaba (ou antepenúltima sílaba). Os acentos em "mate*má*tica", "nu*mé*rico" e "gra*má*tica" estão sobre a antepenúltima sílaba e se justificam por se tratar de palavras **proparoxítonas**.

Quando acrescentamos "-mente" (**sufixo**), a **sílaba tônica** se desloca para a sílaba "men"; temos, portanto, uma **paroxítona** terminada em "e" (que, como vimos no quadro de oposições acima, não são acentuadas).

O engano se dá porque o aprendiz "transfere" os acentos das **palavras primitivas** para as **derivadas** (formadas com o acréscimo do sufixo "-mente"). A palavra "matematicamente" não deve ser acentuada porque "matemática" o é. Para as regras de acentuação gráfica, são palavras completamente diferentes.

EXERCÍCIOS

① As palavras seguintes são todas paroxítonas; acentue-as, se necessário (atente para as terminações destacadas):

açuca*r*
africande*r*
albume*n*
amave*l*
automove*l*
beriber*i*
bice*ps*
bil*is*
boe*r* (bo-er)
bot*on*
bot*ons*
can*on* (cânone)
cani*on*
clima*x*
col*on*

col*ons*
consu*l*
ducti*l*
ete*r*
factot*um*
femu*r*
force*ps*
foss*eis* (restos)
foss*eis* (se eu fosse... se vós...)
geise*r*
glute*n*
glut*ens*
hamamel*is*
hum*us*
ib*is* (ave)
im*ã* (magnete)
it*em*
it*ens*
late*x*
mapa-mund*i*
morm*on*
morm*ons*
nail*on*
nail*ons*
on*us*
pole*n*
pol*ens*
poque*r*
provave*l*
Queo*ps* (faraó)
quor*um*
rugb*i*
safar*i* (também oxítona)
soluve*l*
tacti*l*
ten*is*
texti*l*
ton*us*
triatl*on* (esporte)
vome*r*

② **As seguintes palavras são paroxítonas terminadas em ditongo, seguido ou não de "s" (destacados em itálico); acentue-as, convenientemente:**

acord*ão* (sentença)
amass*eis* (amar: se vós ~)
amav*eis*
ambulanc*ia*
amend*oa*
ausenc*ia*
automov*eis*
autops*ia*
cantari*eis* (eu cantaria, vós ~)
cod*ea*
doc*eis*
espec*ie*
espontan*eo*
ester*eis*
fac*eis*
fat*uo*
ferr*eo*
frag*eis*
frang*ão* (também oxítona)
idon*eo*
infanc*ia*
ingen*uo*
less*eis* (ler: se vós ~)
lir*io*
niv*eo*
nod*oa*
op*io*
orquid*ea*
planic*ie*
plumb*eo*
provav*eis*
ros*eo*
ser*ie*
Sir*ia*
telescop*io*
temiv*eis*
ten*ue*
treg*ua*
vac*uo*
zang*ão* (também oxítona)

③ A seguir, ocorrem paroxítonas terminadas em ditongo ou em uma das vogais "a", "e" e "o", seguidas ou não de "s" (não acentuadas). Dividindo mentalmente em sílabas, acentue as paroxítonas terminadas em ditongo; compare:

varia (variar) – va-<u>ri</u>-*a* (paroxítona terminada em "a")
vária(s) (diversas) – <u>vá</u>-*ria*(s) (paroxítona terminada em ditongo)

acaricia – caricia
(ele se) delicia – (a) delicia
(a) distancia – (ele se) distancia
(a) estancia – (ele) estancia
feria (remuneração) – feria (ferir)
ferias – ferias (eu feria, tu ~)
impio (ateu) – impio (cruel)
(o) inicio – (eu) inicio
(eu) leria – (a) leria (lábia)
(ele) magoa – (a) magoa
(a) policia – (ele) policia
(o) premio – (eu) premio
(ele) providencia – (a) providencia
(ele) referencia – (a) referencia
(ele) renuncia – (a) renuncia
(a) reverencia – (ele) reverencia
(ele) sabia – (a) sabia
secretaria (a profissional) – secretaria (local)
seria (sisuda) – seria (ser)
(eu) silencio – (o) silencio

④ A seguir, em algumas das palavras dadas (todas paroxítonas), você encontrará alguns erros comuns de acentuação; assinale onde há erro (pelo uso ou pela ausência do acento):

( ) abdômens
( ) biquíni
( ) bonus
( ) côco
( ) flôres
( ) hífen
( ) hífens
( ) ítem
( ) itens
( ) jovem
( ) jovens
( ) juri
( ) líquens
( ) logarítmo
( ) nuvem
( ) núvens
( ) ravioli
( ) ritmo
( ) safári
( ) vírus

⑤ A seguir, damos uma lista de palavras (algumas delas, raras). Classifique--as quanto à sílaba tônica (destacada em itálico) e acentue-as, se necessário:

*ad*vena
ae*ro*dromo
ae*ro*lito
*a*gape
*a*lacre
al*bu*men
al*ca*cer
a*na*tema
a*pos*tata
ariete (a-ri-e-te)
ar*que*tipo
a*va*ro
a*vi*to
a*za*fama
aziago (a-zi-a-go)
ba*ta*vo
bio*ti*po (genótipo comum)
*bo*nus
*bra*mane
*ca*gado (réptil anfíbio)
carac*te*res
cate*ter*
celti*be*ros
ci*cla*men
ci*clo*pe
Cis*ter*
cli*to*ride
re*fre*ga
*re*probo

cli*to*ris
con*dor*
*cor*tex
coti*le*done
cri*san*temo
de*ca*no
*des*pota
e*fe*bo
*e*gide
eru*di*to
es*pe*cime
*e*xodo
fa*go*cito
*fa*mulo
*fe*nix
filan*tro*po
*flui*do (flui-do)
Gibral*tar*
han*gar*
*he*gira
*He*lade
ho*mi*lia (ho-mi-lia)
homi*li*a (ho-mi-li-a)
homi*zi*o (ho-mi-zi-o)
i*be*rico
i*be*ro
*im*probo
*sin*cope
Ta*ma*ra

inau*di*to
*in*clito
*in*terim
ja*ca*
li*bi*do
misan*tro*po
mis*ter*
mu*ni*cipe
necrop*si*a (ne-crop-si-a)
ne*gus*
ne*nu*far
No*bel*
no*vel*
o*bus*
Oce*a*nia (O-ce-a-nia)
Ocea*ni*a (O-ce-a-ni-*a*)
*o*nix
o*pi*mo
*pa*ramo(s) (campo deserto)
*plei*ade (plei-a-de)
poli*glo*ta
po*li*mata
*pro*cer
proto*ti*po
pu*di*co
re*cem*
re*cor*de
*trans*fuga
*u*bere

*re*quiem (re-qui-em)
re*ver*bero
ru*bri*ca
*sa*trapa
siba*ri*ta

*ta*mara (fruta)
To*ni*ca (apelido)
*to*nica (sílaba ~)
*to*tem
*to*tens

ure*ter*
*va*gado
ver*mi*fugo (medicação)
*ze*nite

⑥ Entre as palavras seguintes, há paroxítonas e proparoxítonas; acentue--as, se necessário, justificando (por razões didáticas, desta vez destacamos a sílaba tônica):

- ae*ros*tato
- *a*lamo (árvore)
- algo*rit*mo
- *am*bar
- a*ne*mona (planta)
- *an*fora (tipo de vaso)
- *an*ti-humano
- a*za*fama (correria)
- *bi*ceps
- bi*qui*ni
- *ca*tion (íon)
- *ci*tara (instrumento musical)
- *ci*veis
- *ci*vel
- *fe*mur
- *fo*runs
- *gol*fão (golfo)
- *hi*fen
- *hi*fens
- *i*dem
- *i*ris (arco- ~)
- *i*tem
- *i*tens
- *mor*mons
- *na*car (madrepérola)
- ne*nu*far (flor)
- *pi*fano (instrumento musical)
- *pla*tano (árvore)
- *pu*caro (pequeno recipiente)
- *rit*mo
- *se*rum (soro)
- *su*per-humano
- *u*vula

RESPOSTAS

①

açúcar, africânder, albúmen, amável, automóvel, beribéri, bíceps, bílis, bôer, bóton, bótons, cânion, cânon, clímax, cólon, cólons, cônsul, dúctil, éter, factótum, fêmur, fórceps, fósseis, fôsseis, gêiser, glúten, glutens, hamamélis, húmus, íbis, ímã, item, itens, látex, mapa-múndi, mórmon, mórmons, náilon, náilons, ônus, pólen, polens, pôquer, provável, Quéops, quórum, rúgbi, safári, solúvel, táctil, tênis, têxtil, tônus, triátlon, vômer

②

acórdão, amásseis, amáveis, ambulância, amêndoa, ausência, automóveis, autópsia, cantaríeis, côdea, dóceis, espécie, espontâneo, estéreis, fáceis, fátuo, férreo, frágeis, frângão, idôneo, infância, ingênuo, lêsseis, lírio, níveo, nódoa, ópio, orquídea, planície, plúmbeo, prováveis, róseo, série, Síria, tábua, telescópio, temíveis, tênue, trégua, vácuo, zângão

③

1. acaricia – carícia
2. delicia – delícia
3. distância – distancia
4. estância – estancia
5. féria – feria
6. férias – ferias
7. impio – ímpio
8. início – inicio
9. leria – léria
10. magoa – mágoa
11. polícia – policia
12. prêmio – premio
13. providencia – providência
14. referencia – referência
15. renuncia – renúncia
16. reverência – reverencia
17. sabia – sábia
18. secretária – secretaria
19. séria – seria
20. silencio – silêncio

④

Correção: abdomens, bônus, coco, flores, hifens, item, júri, liquens, logaritmo, nuvens, ravióli.

⑤

ádvena **prop**, aeródromo **prop**, aerólito **prop**, ágape **prop**, álacre **prop**, albúmen **parox**, alcácer **parox**, anátema **prop**, apóstata **prop**, aríete **prop**, arquétipo **prop**, avaro **parox**, avito **parox**, azáfama **prop**, aziago **parox**, batavo **parox**, biótipo **prop**, bônus **parox**, brâmane **prop**, cágado **prop**, caracteres **parox**, cateter **ox**, celtiberos **parox**, ciclâmen **parox**, ciclope **parox**, Cister **ox**, clitóride **prop**, clitóris **parox**, condor **ox**, córtex **parox**, cotilédone **prop**, crisântemo **prop**, decano **parox**, déspota **prop**, efebo **parox**, égide **prop**, erudito **parox**, espécime **prop**, êxodo **prop**, fagócito **prop**, fâmulo **prop**, fênix **parox**, filantropo **parox**, fluido **parox**, Gibraltar **ox**, hangar **ox**, hégira **prop**, Hélade **prop**, homília **parox**, homilia **parox**, homizio **parox**, ibérico **prop**, ibero **parox**, ímprobo **prop**, inaudito **parox**, ínclito **prop**, ínterim **prop**, jacá **ox**, libido **parox**, misantropo **parox**, mister **ox**, munícipe **prop**, necropsia **parox**, negus **ox**, nenúfar **parox**, Nobel **ox**, novel **ox**, obus **ox**, Oceânia **parox**, Oceania **parox**, ônix **parox**, opimo **parox**, páramo(s) **prop**, plêiade **prop**, poliglota **parox**, polímata **prop**, prócer **parox**, protótipo **prop**, pudico **parox**, recém **ox**, recorde **parox**, refrega **parox**, réprobo **prop**, réquiem **prop**, revérbero **prop**, rubrica **parox**, sápatra **prop**, sibarita **parox**, síncope **prop**, Tamara **parox**, tâmara **prop**, Tonica **parox**, tônica **prop**, totem **parox**, totens **parox**, trânsfuga **prop**, úbere **prop**, ureter **ox**, vágado **prop**, vermífugo **prop**, zênite **prop**

⑥

- aeróstato: Acentuam-se todas as proparoxítonas.
- álamo: Acentuam-se todas as proparoxítonas.
- algoritmo: Não se acentuam paroxítonas terminadas em "a(s)", "e(s)", "o(s)", "em", "ens" (essas terminações já preveem acento nas oxítonas).
- âmbar: Acentuam-se as paroxítonas com terminações diferentes de "a(s)", "e(s)", "o(s)", "em", "ens".
- anêmona: Acentuam-se todas as proparoxítonas.
- ânfora: Acentuam-se todas as proparoxítonas.
- anti-humano: Em geral, não se acentuam prefixos, pois são elementos átonos.

- azáfama: Acentuam-se todas as proparoxítonas.
- bíceps: Acentuam-se as paroxítonas com terminações diferentes de "a(s)", "e(s)", "o(s)", "em", "ens".
- biquíni: Acentuam-se as paroxítonas com terminações diferentes de "a(s)", "e(s)", "o(s)", "em", "ens".
- cátion: Acentuam-se as paroxítonas com terminações diferentes de "a(s)", "e(s)", "o(s)", "em", "ens".
- cítara: Acentuam-se todas as proparoxítonas.
- cíveis: Acentuam-se as paroxítonas terminadas em ditongo (de qualquer tipo), seguido ou não de "s".
- cível: Acentuam-se as paroxítonas com terminações diferentes de "a(s)", "e(s)", "o(s)", "em", "ens".
- fêmur: Acentuam-se as paroxítonas com terminações diferentes de "a(s)", "e(s)", "o(s)", "em", "ens".
- fóruns: Acentuam-se as paroxítonas com terminações diferentes de "a(s)", "e(s)", "o(s)", "em", "ens".
- gólfão: Acentuam-se as paroxítonas terminadas em ditongo (de qualquer tipo), seguido ou não de "s".
- hífen: Acentuam-se as paroxítonas com terminações diferentes de "a(s)", "e(s)", "o(s)", "em", "ens".
- hifens: Não se acentuam paroxítonas terminadas em "a(s)", "e(s)", "o(s)", "em", "ens" (essas terminações já preveem acento nas oxítonas).
- idem: Não se acentuam paroxítonas terminadas em "a(s)", "e(s)", "o(s)", "em", "ens" (essas terminações já preveem acento nas oxítonas).
- íris: Acentuam-se as paroxítonas com terminações diferentes de "a(s)", "e(s)", "o(s)", "em", "ens".
- item: Não se acentuam paroxítonas terminadas em "a(s)", "e(s)", "o(s)", "em", "ens" (essas terminações já preveem acento nas oxítonas).
- itens: Não se acentuam paroxítonas terminadas em "a(s)", "e(s)", "o(s)", "em", "ens" (essas terminações já preveem acento nas oxítonas).
- mórmons: Acentuam-se as paroxítonas com terminações diferentes de "a(s)", "e(s)", "o(s)", "em", "ens".
- nácar: Acentuam-se as paroxítonas com terminações diferentes de "a(s)", "e(s)", "o(s)", "em", "ens".
- nenúfar: Acentuam-se as paroxítonas com terminações diferentes de "a(s)", "e(s)", "o(s)", "em", "ens".
- pífano: Acentuam-se todas as proparoxítonas.
- plátano: Acentuam-se todas as proparoxítonas.
- púcaro: Acentuam-se todas as proparoxítonas.

- ritmo: Não se acentuam paroxítonas terminadas em “a(s)”, “e(s)”, “o(s)”, “em”, “ens” (essas terminações já preveem acento nas oxítonas).
- sérum: Acentuam-se as paroxítonas com terminações diferentes de “a(s)”, “e(s)”, “o(s)”, “em”, “ens”.
- super-humano: Em geral, não se acentuam prefixos, pois são elementos átonos.
- úvula: Acentuam-se todas as proparoxítonas.

4
ACENTUAÇÃO DOS DITONGOS

DITONGOS ABERTOS "EI, "OI" & "EU"

➊ Os **ditongos** "ei", "oi" e "eu" podem ter **timbre fechado** ou **aberto**; compare: "ser*ei*a" (ê) e "id*ei*a" (é), "d*ói*" (ó) e "d*ois*" (ô), "c*éu*" (é) e "s*eu*" (ê). Antes do Acordo Ortográfico vigente, usava-se acento agudo para indicar **timbre aberto** nos referidos **ditongos**.

➋ Com o Novo Acordo, o acento agudo não é mais empregado nas **palavras paroxítonas** ("id*ei*a", "assembl*ei*a", "gel*ei*a", "paran*oi*a", "her*oi*co"), mas permanece em todos os demais casos: "m*éi*s", "past*éi*s", "d*ói*", "her*ói*", "anz*ói*s", "lenç*ói*s", etc. (**monossílabas tônicas** e **oxítonas**).

☞ **OBSERVAÇÕES:**

1ª) Palavras tais como "blêizer", "contêiner", "destróier", "gêiser" e "Méier" — aparentemente não acentuadas — na verdade o são porque se encaixam na regra das palavras **paroxítonas** terminadas em "r";
2ª) não houve alterações em relação ao **ditongo aberto** "éu", que continua acentuado em todos os casos;
3ª) tais **ditongos**, quando **subtônicos**, nunca são acentuados, porque a sílaba tônica se desloca; compare: "papéis" (**oxítona**) e "pap*ei*zinhos" (**paroxítona**);
4ª) O acento errôneo em palavras como "constróem", "destróem", etc. se deve, provavelmente, à influência do acento nos **ditongos** ("constrói" e "destrói"); note-se, entretanto, que em "constroem", "oe" constitui, na verdade, **hiato**: "cons-tr<u>o</u>-<u>e</u>m", "des-tr<u>o</u>-<u>e</u>m" (sem acento, portanto, pois não se acentuam paroxítonas terminadas por "em").

OUTROS DITONGOS

❸ O **ditongo** "ui" nunca deve ser acentuado; o emprego errôneo do acento se deve, provavelmente, ao fato de que a vogal "u" é pronunciada com muita "força" (intensidade); escrevem-se, portanto, sem acento: "az*ui*s", "fort*ui*to", "grat*ui*to" (e não "gratuíto"), etc.

❹ As **vogais tônicas** dos **ditongos** "iu" e "ui", quando precedidas de **vogal**, não são acentuadas; exs: *saiu* (sa-*iu*), *destruiu* (des-tru-*iu*), *contribuiu* (con-tri-bu-*iu*), pa*uis* (pa-*uis*), etc.

> ☞ **OBSERVAÇÃO**
>
> "Éi", "ói" e "éu" são os únicos ditongos que recebem acento de timbre. Na palavra "náilon", por exemplo, não se trata de acento no ditongo "ai": o acento se justifica por se tratar de uma paroxítona terminada em "on" (nai-l*on*).

✍ EXERCÍCIOS

① **Atentando para a classificação das palavras quanto à sílaba tônica, acentue as palavras seguintes, se necessário:**

(eu) ap*oi*o (a-poi-o)	chap*eu*
(eu) estr*ei*o (es-trei-o)	constr*oi*(s)
(o) ap*oi*o	corr*oi*
ald*ei*a (al-dei-a)	destr*oi*
an*ei*s	diarr*ei*a (di-ar-rei-a)
anz*oi*s	epop*ei*a (e-po-pei-a)
ap*oi*am (a-poi-am)	est*oi*co (es-toi-co)
assembl*ei*a (as-sem-blei-a)	estr*ei*a (es-trei-a)
aster*oi*de	europ*ei*a (eu-ro-pei-a)
at*ei*a (a-tei-a)	far*oi*s
at*eu*	filist*eu*s
av*ei*a (a-vei-a)	girass*oi*s

b*oi*a (boi-a)

Bord*eu*s ("Bordeaux", França)

camaf*eu*

centop*ei*a (cen-to-pei-a)

Ilh*eu*s

jib*oi*a (ji-boi-a)

j*oi*o (joi-o)

lenç*oi*s

mausol*eu*

Niter*oi* (cidade, RJ)

nucl*ei*co

panac*ei*a (pa-na-cei-a)

pang*ei*a (pan-gei-a)

paran*oi*a (pa-ra-noi-a)

paran*oi*co

past*ei*s

her*oi*

her*oi*co

human*oi*de

id*ei*a (i-dei-a)

pigm*eu*

pinc*ei*s

plat*ei*a (pla-tei-a)

pleb*eu*

prot*ei*co

r*eu*

rouxin*oi*s

seborr*ei*a (se-bor-rei-a)

solid*eu*

tam*oi*o (ta-moi-o)

traqu*ei*a (tra-quei-a)

② **Marque com X os itens em que os dois vocábulos do par devem ser acentuados:**

( ) at*eu* – at*ei*a

( ) Ilh*eu*s – destr*oi*

( ) her*oi* – her*oi*zinhos

( ) anz*oi*s – lenç*oi*s

( ) an*ei*s – pap*ei*s

( ) her*oi* – her*oi*co

( ) destr*oi*er – M*ei*er

( ) alcal*oi*de – mausol*eu*

( ) escarc*eu* – tabar*eu*

( ) d*oi* – r*oi*

( ) ov*oi*de – opi*oi*de

( ) v*eu* – c*eu*s

( ) colm*ei*a – corr*ei*a

( ) carret*ei*s – hot*ei*s

( ) (o) ap*oi*o – (eu) ap*oi*o

( ) trof*eu* – fogar*eu*

( ) celul*oi*de – esquiz*oi*de

( ) fact*oi*de – prot*ei*co

( ) r*ei*(s) – r*ei*s (plural de "real")

( ) pap*ei*zinhos – chap*eu*zinho

③ **Assinale com X as palavras erradas quanto à acentuação:**

( ) andr*oi*de
( ) anz*ói*s
( ) apô*io*
( ) comb*oi*o
( ) constru*íu*
( ) esfer*oi*de
( ) espermatoz*oi*de
( ) grat*ui*to
( ) her*ói*

( ) ap*ói*o
( ) assembl*ei*a
( ) az*úi*s
( ) her*ói*camente
( ) her*oi*co
( ) her*oi*zinho
( ) id*ei*a
( ) id*éi*azinha
( ) past*ei*s

( ) bachar*éi*s
( ) ca*íu*
( ) chap*éu*zinho
( ) pa*úi*s
( ) r*eu*(s)
( ) serê*i*a
( ) tire*oi*de
( ) tire*oi*dite

④ **Acentue, se necessário, os ditongos abertos "éi", "ói" e "éu" (justifique):**

- alugu*ei*s
- b*oi*a
- carac*oi*s
- carret*ei*s
- celul*oi*de
- constr*oi(s)*
- diarr*ei*a
- est*oi*co
- gel*ei*a
- j*oi*a
- odiss*ei*a
- povil*eu*
- tabar*eu*
- trof*eu*s

RESPOSTAS

①

(eu) apoio, (eu) estreio, (o) apoio, aldeia (ê), anéis, anzóis, apoiam, assembleia, asteroide, ateia, ateu (ê), aveia (ê), boia, Bordéus, camafeu (ê), centopeia, chapéu, constrói(s), corrói, destrói, diarreia, epopeia (é), estoico (ó), estreia, europeia, faróis, filisteus (ê), girassóis, herói, heroico, humanoide, ideia, Ilhéus, jiboia, joio, lençóis, mausoléu, Niterói, nucleico (é), panaceia, pangeia, paranoia, paranoico, pastéis, pigmeu (ê), pincéis, plateia, plebeu (ê), proteico (é), réu, rouxinóis, seborreia (é), solidéu, tamoio (ô), traqueia (é)

②

( ) ateu – ateia (x) Ilhéus – destrói ( ) herói – heroizinhos (x) anzóis – lençóis (x) anéis – papéis ( ) herói – heroico (x) destróier – Méier ( ) alcaloide – mausoléu (x) escarcéu – tabaréu (x) dói – rói ( ) ovoide – opioide (x) véu – céus ( ) colmeia – correia (x) carretéis – hotéis ( ) (o) apoio – (eu) apoio (x) troféu – fogaréu ( ) celuloide – esquizoide ( ) factoide – proteico ( ) rei(s) – réis ( ) papeizinhos – chapeuzinho

③

Correções: apoio (ô), apoio (ó), azuis, caiu, chapeuzinho, construiu, heroicamente, ideiazinha, pastéis, pauis, réu(s), sereia

④

- aluguéis: Acentuam-se os ditongos abertos "éi" ou "ói" nas oxítonas.
- boia: Não se acentuam os ditongos abertos "éi" ou "ói" nas paroxítonas.
- caracóis: Acentuam-se os ditongos abertos "éi" ou "ói" nas oxítonas.
- carretéis: Acentuam-se os ditongos abertos "éi" ou "ói" nas oxítonas.
- celuloide: Não se acentuam os ditongos abertos "éi" ou "ói" nas paroxítonas.
- constrói(s): Acentuam-se os ditongos abertos "éi" ou "ói" nas oxítonas.
- diarreia: Não se acentuam os ditongos abertos "éi" ou "ói" nas paroxítonas.
- estoico: Não se acentuam os ditongos abertos "éi" ou "ói" nas paroxítonas.
- geleia: Não se acentuam os ditongos abertos "éi" ou "ói" nas paroxítonas.
- joia: Não se acentuam os ditongos abertos "éi" ou "ói" nas paroxítonas.
- odisseia: Não se acentuam os ditongos abertos "éi" ou "ói" nas paroxítonas.
- poviléu: Acentua-se o ditongo aberto "éu" em todas as palavras, desde que ocorra na sílaba tônica.
- tabaréu: Acentua-se o ditongo aberto "éu" em todas as palavras, desde que ocorra na sílaba tônica.
- troféus: Acentua-se o ditongo aberto "éu" em todas as palavras, desde que ocorra na sílaba tônica.

5
ACENTUAÇÃO DOS HIATOS

VOGAIS "I" & "U" EM HIATO

❶ Acentuam-se os **hiatos** "i" e "u" quando formam sílabas sozinhos ou com "s":

da*í* (da-í), sa*í*da (sa-í-da), mo*í*do (mo-í-do), sa*ú*de (sa-ú-de), etc.
fa*í*sca (fa-ís-ca), bal*a*ústre (ba-la-ús-tre), Lu*í*s (Lu-ís), etc.

❷ Se formam sílaba com letra diferente de "s", não são acentuados:
constit*u*inte (cons-ti-tu-in-te), ru*i*ndo (ru-in-do) (mas: ru-*í*-na), Alt*a*ir (Al-ta-ir), ra*i*z (ra-iz) (mas: ra-*í*-zes), etc.

> **OBSERVAÇÃO:**
> Embora óbvio, é prudente relembrar que só acentuamos tais **hiatos** se eles constituírem a **sílaba tônica** do vocábulo.

❸ Também não se acentuam quando seguidos de "nh" (mesmo que formem sílabas sozinhos):
camp*a*inha (cam-pa-i-nha), lag*o*inha (la-go-i-nha), m*o*inho (mo-i-nho), etc.

❹ A finalidade do acento nos **hiatos** "i" e "u" é diferenciá-los dos **ditongos**; comparemos:

A que horas você sai do trabalho? (**monossílaba**, **ditongo decrescente**)
Saio às dezoito, mas ontem saí mais cedo. (s*a*-í – **dissílaba**, **hiato**)
Ele pirou. É um doido. (d*oi*-do – **dissílaba**, **ditongo decrescente**)
Disse que a pancada tinha doído muito. (d*o*-í-do – **trissílaba**, **hiato**)

Assim, em palavras como "xiita" (xi-i-ta) ou "mandrice" (man-dri-i-ce), por exemplo, mesmo que esses **hiatos** estejam formando sílaba sozinhos, não é necessário acentuá-los porque "ii" e "uu" nunca formam **ditongo**.

Na palavra "iídiche" (*i-í*-di-che), o acento se justifica porque se trata de uma **proparoxítona** (relembrando: todas são acentuadas, sem exceção).

❺ Com o Novo Acordo, tais **hiatos** também não são acentuados quando vêm precedidos de **ditongo decrescente** (destacados nos exemplos), mesmo que formem sílaba sozinhos: "f*ei*ura (f*ei*-u-ra), c*au*ila (c*au*-i-la), b*oi*uno (b*oi*-u-no), r*ei*uno (r*ei*-u-no), etc.

Note-se, porém, que essa regra só se aplica às palavras **paroxítonas**; assim, acentuam-se, ainda que precedidas de **ditongo decrescente**, as palavras *Piauí* (Pi-*au*-í) e *teiu* (*tei*-u), pois são **oxítonas**.

Por fim, note-se que o **encontro vocálico** destacado em "*eo*ípo" (cavalo ancestral) não constitui **ditongo**, daí o acento encaixar-se na regra geral (o hiato forma sílaba sozinho: "e-o-í-po").

HIATOS "EE" & "OO"

❻ Com o Novo Acordo, não se acentua mais a primeira vogal dos **hiatos** "ee" e "oo", em palavras tais como as seguintes:

d*ee*m (de-em), cr*ee*m (cre-em), l*ee*m (le-em), v*ee*m (ve-em), v*oo* (vo-o), enj*oo* (en-jo-o), etc.

☞ **OBSERVAÇÕES:**

1ª) Antes da vigência do Novo Acordo, o acento em "êe" e "ôo" levava a equívocos como "vôa", "vôe", "magôa", "magôe", "abençôa", "abençôe", etc. Note-se que se trata de meras **paroxítonas** terminadas em "a" ou "e", conformando-se à regra geral (todas, portanto, sem acento: *voa, voe, magoa*, etc.);
2ª) a eliminação do acento no Novo Acordo está em conformidade com a regra geral das **paroxítonas**: não se acentuam as terminadas em "a(s)", "e(s)", "o(s)", "em" e "ens";
3ª) o acento em *dê, crê, lê* e *vê* não justifica os acentos em *deem, creem, leem* e *veem*; para a acentuação gráfica, trata-se de palavras diferentes (as primeiras enquadram-se na regra das **monossílabas tônicas**).
4ª) A palavra "herôon" (he-rô-*on*) recebe acento porque se encaixa na regra das **paroxítonas** terminadas em "on".

EXERCÍCIOS

① **Acentue, convenientemente, o "i" e o "u" nos hiatos destacados (se necessário, divida mentalmente a palavra em sílabas):**

aç*ai*
*ai*nda
altr*ui*smo
am*iu*de
arc*ai*smo
at*ei*smo
atrib*ui*do
b*ai*a (pequeno golfo)
b*ai*nha
bal*au*stre
b*au*(s)
caf*ei*na
c*iu*me
concl*ui*do
concl*ui*ndo
cont*eu*do
corr*ui*ra (ave)
distrib*ui*u
eg*oi*smo
eg*oi*sta

f*ai*sca
faris*ai*smo
fe*iu*ra
gen*ui*no
gr*au*do
her*oi*na
her*oi*smo
infl*ui*rmos
infl*ui*ssem
jes*ui*ta
jud*ai*smo
j*ui*z
j*ui*zes
j*ui*zo
lad*ai*nha
mandr*ii*ce
m*iu*do
m*oi*nho
p*ai*s (pátria)
p*au*is

p*au*l
prej*ui*zo
pr*oi*be
prot*ei*na
r*ai*nha
r*ai*z
r*ai*zes
rei*u*no
r*ui*m
r*ui*na
r*ui*ndo
s*ai*a (verbo)
s*ai*da
s*ai*r
s*ai*u
s*au*de
s*au*va
t*ai*nha
vad*ii*ce
v*iu*vo

② **Coloque no parêntese a letra correspondente, quanto à acentuação dos hiatos (destacados em itálico):**

(A) – se apenas a primeira palavra estiver correta;
(B) – se apenas a segunda palavra estiver correta;
(C) – se ambas as palavras estiverem corretas;
(D) – se nenhuma das palavras estiver correta.

( ) r*ui*na – r*uí*ndo
( ) c*ai*u – c*ai*rdes
( ) her*oí*na – s*aí*ndo
( ) s*aí*ssem – s*aí*nha
( ) vent*oi*nha – r*ai*nha
( ) r*uí*m – C*ai*m
( ) baiúca – fe*iú*ra
( ) bed*uí*no – boca*iú*va
( ) cop*aí*ba – f*aú*lha
( ) pant*ei*smo – pr*oí*bo

( ) r*uí*do – s*uí*ço
( ) perd*oo* – (ele) mag*oa*
( ) rev*êe*m – perd*ôo*
( ) vad*ií*ce – parac*uú*ba
( ) descr*êe*m – rel*ee*m
( ) sand*ui*che – *ui*sque
( ) timb*aú*ba – s*uí*no
( ) abot*oo* – sobrev*oo*
( ) prev*êe*m – enj*ôo*
( ) coc*aí*na – parv*oi*ce

③ Acentue, se necessário, o "i" e "u" dos hiatos nos seguintes nomes próprios:

Ad*ai*l
*Ai*lton
*Ai*rton
Al*ai*de
Anhagab*au* (Vale do ~)
Boca*iu*va (MG)
Cabr*eu*va (SP)
Cambor*iu* (SC)

Cric*iu*ma (SC)
Graj*au* (SP)
Gravat*ai* (RS)
Itabor*ai* (RJ)
Itagu*ai* (RJ)
Itaj*ai* (SC)
Jat*ai* (GO)
L*ai*s

L*ui*s
L*ui*sa
L*ui*z
Par*ai*ba
R*au*l
Tamanduat*ei* (bairro)
Tucur*ui* (PA)
Un*ai* (MG)

④ Acentue o "i" ou "u" nos hiatos, se necessário, justificando:

- Ab*oi*m (cidade portuguesa)
- ad*ai*l (guia, chefe)
- Ar*au*jo
- b*ai*nha
- camp*ai*nha
- che*ii*nho (cheio + -inho)
- s*ai*da
- s*ai*ndo

- C*oi*mbra (cidade portuguesa)
- Hav*ai*
- her*oi*smo
- It*au*na (MG)
- j*ui*za
- j*ui*z
- s*ai*sse(m)

- lag*oi*nha
- mao*i*smo (doutrina política)
- or*iu*ndo
- pleb*ei*smo
- prej*ui*zo
- pr*oi*be
- tucumãi (palmeira)

RESPOSTAS

①

açaí, ainda, altruísmo, amiúde, arcaísmo, ateísmo, atribuído, baía, bainha, balaústre, baú(s), cafeína, ciúme, concluído, concluindo, conteúdo, corruíra, distribuiu, egoísmo, egoísta, faísca, farisaísmo, feiura, genuíno, graúdo, heroína, heroísmo, influirmos, influíssem, jesuíta, judaísmo, juiz, juízes, juízo, ladainha, mandriice, miúdo, moinho, país, pauis, paul, prejuízo, proíbe, proteína, rainha, raiz, raízes, reiuno, ruim, ruína, ruindo, saía, saída, sair, saiu, saúde, saúva, tainha, vadiice, viúvo

②

(D) ruina – ruíndo
(C) caiu – cairdes
(A) heroína – saíndo
(A) saíssem – saínha
(C) ventoinha – rainha
(B) ruím – Caim
(D) baiúca – feiúra
(A) beduíno – bocaiúva
(C) copaíba – faúlha
(B) panteismo – proíbo
(C) ruído – suíço
(C) perdoo – (ele) magoa
(D) revêem – perdôo
(D) vadiíce – paracuúba
(B) descrêem – releem
(D) sanduiche – uisque
(C) timbaúba – suíno
(C) abotoo – sobrevoo
(D) prevêem – enjôo
(A) cocaína – parvoice

③

Adail, Aílton, Aírton, Alaíde, Anhangabaú, Bocaiuva, Cabreúva, Camboriú, Criciúma, Grajaú, Gravataí, Itaboraí, Itaguaí, Itajaí, Jataí, Laís, Luís, Luísa, Luiz, Paraíba, Raul, Tamanduateí, Tucuruí, Unaí

(*) Nota: Em "Aílton" e "Aírton", apesar de formar sílaba com consoante diferente de "s" (A-íl-ton; A-ír-ton), o hiato é acentuado porque se enquadra na regra mais geral das palavras paroxítonas (acentuam-se as terminadas em "on", tais como "elétron", "náilon", "nêutron", etc.).

④

- Aboim: Não se acentuam o "i" ou "u" nos hiatos quando formam sílaba com consoante diferente de "s" ("A-bo-im").
- adail: Não se acentuam o "i" ou "u" nos hiatos quando formam sílaba com consoante diferente de "s" ("A-da-il").
- Araújo: Acentuam-se o "i" ou "u" nos hiatos quando formam sílaba sozinhos ou com "s" ("A-ra-ú-jo").
- bainha: Não se acentuam o "i" ou "u" nos hiatos quando seguidos de "nh", mesmo que formem sílaba sozinhos ("ba-i-nha").
- campainha: Não se acentuam o "i" ou "u" nos hiatos quando seguidos de "nh", mesmo que formem sílaba sozinhos ("cam-pa-i-nha").
- cheiinho: Não se acentuam o "i" ou "u" nos hiatos quando a vogal precedente é idêntica.
- Coimbra: Não se acentuam o "i" ou "u" nos hiatos quando formam sílaba com consoante diferente de "s" ("Co-im-bra").
- Havaí: Acentuam-se o "i" ou "u" nos hiatos quando formam sílaba sozinhos ou com "s" ("Ha-va-í").
- heroísmo: Acentuam-se o "i" ou "u" nos hiatos quando formam sílaba sozinhos ou com "s" ("he-ro-ís-mo").
- Itaúna: Acentuam-se o "i" ou "u" nos hiatos quando formam sílaba sozinhos ou com "s" ("I-ta-ú-na").
- juíza: Acentuam-se o "i" ou "u" nos hiatos quando formam sílaba sozinhos ou com "s" ("ju-í-za").
- juiz: Não se acentuam o "i" ou "u" nos hiatos quando formam sílaba com consoante diferente de "s" ("ju-iz").
- lagoinha: Não se acentuam o "i" ou "u" nos hiatos quando seguidos de "nh", mesmo que formem sílaba sozinhos ("la-go-i-nha").
- maoismo: Não se acentuam o "i" ou "u" nos hiatos, mesmo que formem sílaba sozinhos ou com "s", quando precedidos de ditongo decrescente ("mao-is-mo")
- oriundo: Não se acentuam o "i" ou "u" nos hiatos quando formam sílaba com consoante diferente de "s" ("o-ri-un-do").
- plebeísmo: Acentuam-se o "i" ou "u" nos hiatos quando formam sílaba sozinhos ou com "s" ("ple-be-ís-mo").
- prejuízo: Acentuam-se o "i" ou "u" nos hiatos quando formam sílaba sozinhos ou com "s" ("pre-ju-í-zo").
- proíbe: Acentuam-se o "i" ou "u" nos hiatos quando formam sílaba sozinhos ou com "s" ("pro-í-be").

- saída: Acentuam-se o "i" ou "u" nos hiatos quando formam sílaba sozinhos ou com "s" ("sa-í-da").
- saindo: Não se acentuam o "i" ou "u" nos hiatos quando formam sílaba com consoante diferente de "s" ("sa-in-do").
- saísse(m): Acentuam-se o "i" ou "u" nos hiatos quando formam sílaba sozinhos ou com "s" ("sa-ís-sem").
- tucumãí: Acentuam-se o "i" ou "u" nos hiatos quando formam sílaba sozinhos ou com "s" ("tu-cu-mã-í").

6
ACENTOS DIFERENCIAIS

➊ São utilizados para distinguir palavras diferentes, mas que se escrevem da mesma forma — as ditas **homógrafas** (às vezes **heterofônicas**, às vezes **homofônicas**).

➋ Antes do Novo Acordo vigente, havia uma quantidade considerável de palavras com acento diferenciais; veja alguns exemplos:

O ônibus 171 pára neste ponto? (**verbo** "parar")
Não sei para que você quer comprar isto. (**preposição**)
Ande sempre pelo caminho da luz. (**preposição**; "por" + **artigo** "o")
O pêlo luzidio nos cães e gatos indica boa saúde. (**substantivo**; "pelagem")
Que você prefere, pêra, uva ou maçã? (**substantivo**)

➌ Com o Novo Acordo, permanecem apenas três acentos diferenciais obrigatórios:

* *tem/têm* e *vem/vêm*

Como já vimos na acentuação das palavras **monossílabas tônicas**, usamos acento circunflexo para marcar a terceira pessoa do plural (a do singular fica sem acento):

Este aluno *tem* sérios problemas de aprendizagem. / Estes alunos *têm*...
De onde *vem* esse retirante? / De onde *vêm* esses retirantes?

Note-se, ainda (como aliás já vimos), que **verbos derivados** de "ter" e "vir", tais como de*ter*, con*ter*, entre*ter*, pro*vir*, sobre*vir*, desa*vir*, etc. levam acento agudo na terceira pessoa do singular e circunflexo na terceira pessoa do plural: "ele de*tém*/eles de*têm*", "ele pro*vém*/eles pro*vêm*", "ele se entre*tém*/eles se entre*têm*", etc.

* *por/pôr*

Por que não vamos *por* esta rodovia? (**preposição**)
Antes de reformar o mundo, vamos *pôr* ordem na nossa própria casa. (**verbo**)

☞ OBSERVAÇÃO:

Como já vimos, nas **formas derivadas** do verbo *pôr*, no **infinitivo**, tais como com*por*, re*por*, su*por*, etc., não se deve usar o acento: "Vou com*por* um novo poema." (e não: "com*pôr*"), "Precisamos re*por* as energias perdidas." (e não: "re*pôr*"), "Evite su*por*: pergunte." (e não: "su*pôr*").

* *pode/pôde* (**presente** e **pretérito perfeito do indicativo**, respectivamente)

Você não *pode* falar comigo agora; ontem você também não *pôde*.

❹ Opcionalmente, podemos usar o acento no **substantivo** "fôrma" (= molde) (timbre fechado no "ô") para distingui-lo da **flexão verbal** "forma" ("eu formo", "tu formas", "ele forma..."):

Unte a *forma/fôrma* com manteiga ou azeite.
Quando Deus te fez, Ele quebrou a *fôrma/forma*. (dito popular)

Considerando que o objetivo fundamental do Acordo foi, alegadamente, simplificar, é pouco provável que os brasileiros passem a grafar *fôrma* (com acento), pois o acento diferencial de timbre foi abolido desde a Reforma Ortográfica de 1971, permanecendo, atualmente, apenas na palavra "pôde" (vide acima).

❺ OBSERVAÇÕES FINAIS

Lamenta-se a perda de alguns acentos diferenciais, alegando-se que a falta deles dificultaria a interpretação, como na música popular "Para, Pedro, Pedro para", em que "para" é o verbo "parar" (antes, "pára", com acento), ou numa manchete como "Chuva para São Paulo" (há chuva prevista para São Paulo, ou a chuva causa transtornos, parando o trânsito na cidade?).

Embora consideremos o argumento gracioso, em linguagem tudo é questão de contexto. Como nenhuma frase ou oração tem valor isoladamente, outros elementos contextuais indicarão eficazmente o sentido pretendido.

✍ EXERCÍCIOS

① **Grife a(s) opção(ões) correta(s):**

1. A professora disse: "Vamos começar *(por/pôr)* este capítulo".
2. Andemos sempre *(pelo/pêlo)* caminho do bem.
3. Como está lustroso o *(pelo/pêlo)* do cachorro!
4. De onde *(vem/vêm)* essas ideias esdrúxulas?
5. Essa raça de gato *(tem/têm) (pelo/pêlo)* curto.
6. Este ônibus *(para/pára)* no Parque Independência, senhor?
7. Estes edifícios *(tem/têm)* muita história para contar.
8. Meu amigo, não te preocupes. Tudo *(vem/vêm)* a seu tempo.
9. Meu amor, por que você não *(vem/vêm)* ficar comigo?
10. Não se *(pode/pôde)* fazer nada agora. Aguardemos.
11. O aluno não *(pode/pôde)* vir semana passada para as provas.
12. Por que ele sempre *(tem/têm)* de discordar?
13. Precisamos *(repor/repôr)* com urgência o estoque.
14. Prefiro pão francês a pão de *(forma/fôrma)*.
15. Quantos anos *(tem/têm)* o seu carro?
16. Que você *(tem/têm)*, que está tão sorumbático?
17. Quero *(compor/compôr)* uma canção em homenagem a ela.
18. Se eu posso, por que você também não *(pode/pôde)*?
19. Se eu pude, por que ela também não *(pode/pôde)*?
20. Sempre optei *(pelo/pêlo)* caminho mais fácil.
21. Tente ver as coisas *(por/pôr)* outro ângulo, meu amigo.
22. Vá *(por/pôr)* água na geladeira, menino, anda!
23. Por que você não *(pode/pôde)* falar agora? Não posso ligar mais tarde.
24. "Você *(vem/vêm)* sempre aqui, boneca?", perguntou o bêbado.
25. Você não gosta de *(pera/pêra)*? Acaso prefere maçã?

RESPOSTAS

1. por
2. pelo
3. pelo
4. vêm
5. tem/pelo
6. para
7. têm
8. vem
9. vem
10. pode
11. pôde
12. tem
13. repor
14. forma/fôrma (facultativo)
15. tem
16. tem
17. compor
18. pode
19. pôde
20. pelo
21. por
22. pôr
23. pode
24. vem
25. pera

EXERCÍCIOS DE REVISÃO GERAL

① As palavras seguintes são todas oxítonas; acentue-as, se necessário (terminação destacada em itálico, para análise):

advert*i*-lo
aguarr*as*
al*em*
al*i*
alo*es* (a-lo-es)
am*em* (Assim seja!)
ap*os*
aqu*i*
Arax*a* (MG)
atr*as*
atrav*es*
Bagd*a*
bangu*e* (ban-gue)
Baur*u* (SP)
ba*us*
Bel*em*
buqu*e*
burgu*es*
caqu*i*
colibr*i*
conv*es*
convid*a*-lo
cort*es*
divert*i*-lo
Graja*u*
guaran*a*
inv*es*
Itagua*i* (I-ta-gua-i, RJ)
Itapev*i* (SP)
lil*as*
mandacar*u*
mulung*u*
ningu*em*
orix*a*
paj*e*
piraruc*u*
Rans*es*
rec*em*-chegado
sassafr*as*
tambaqu*i*
tamb*em*
taquaruç*u*
tar*o*
tat*u*
Tom*as*
tuiui*u*
umb*u*
vatap*a* (prato típico)
xang*o*
Zez*e*

② Como na questão anterior, em relação às monossílabas tônicas (terminação em itálico):

c*os*
cr*u*
d*a*-lo
d*e* (dar)
d*es* (dar)
d*o* (pena)
fl*or*
g*as*
h*a*
j*us* (fazer ~)
l*e* (ler)
l*es* (ler)
m*es*
n*os* (eu, você, ele...)
n*u*
p*os*-graduação
pr*e*-histórico
r*es* (quadrúpede)

r*es* (rente)
s*i*
tr*as*
tr*es*
t*u*
v*e*
v*es*
v*ez*
v*i*
v*os* (eu, tu, você..)
v*oz*

③ Idem, em relação às paroxítonas (terminação em itálico):

abdome*n*
acord*ão* (sentença)
açuca*r*
africande*r*
alb*um*
albume*n*
amave*l*
Aniba*l*
ant*i*-higiênico
automove*l*
bice*ps*
bil*is*
biquin*i*
boe*r* (bo-er)
Boliva*r*
cafte*n* (cafetão)
cano*n* (cânone)
carate*r*
clima*x*
colo*n*
col*ons*
consu*l*
dolm*ã*
dolme*n*
Setuba*l*

dolm*ens*
ducti*l*
ete*r*
femu*r*
fic*us* (planta)
force*ps*
for*um*
for*uns*
fosse*is* (restos)
fosse*is* (se eu fosse... se vós...)
gangste*r*
geise*r*
germe*n*
germ*ens*
glute*n*
glut*ens*
hamamel*is*
hife*n*
hif*ens*
hum*us*
ib*is* (ave)
id*em*
Ieme*n* (país)
im*ã* (magnete)
ten*is*

Ir*is*
it*em*
it*ens*
late*x*
lique*n*
liqu*ens*
mapa-mund*i*
Milto*n*
miosot*is*
mormo*n*
morm*ons*
nailo*n*
nail*ons*
Nige*r* (África)
Nilso*n*
on*us*
pole*n*
pol*ens*
Polu*x* (Castor e ~)
poque*r*
Queo*ps* (faraó)
ritm*o*
rugb*i*
safar*i*
Tun*is* (Tunísia)

soluve*l*
supe*r*-herói
tacti*l*
Tange*r* (Marrocos)
texti*l*
ton*us*
tot*em*
tot*ens*
Ven*us*
Vilso*n*
vome*r*

④ **Acentuam-se todas as palavras paroxítonas terminadas em ditongo, de qualquer tipo, seguido ou não de "s"; acentue convenientemente (ditongos em itálico) (Obs.: algumas palavras podem ser consideradas proparoxítonas eventuais):**

abstem*io*
aer*eo*
amari*ei*s
Amazon*ia*
ambulanc*ia*
amend*oa*
ans*ia*
Anton*io*
azal*ea* (variante: "azaleia")
benç*ão*
biling*ue*
calvic*ie*
car*ie*
cienc*ia*
coletan*ea*
conscienc*ia*
cran*io*
Cristov*ão*
espec*ie*
Estev*ão*
exig*uo*
fucs*ia*
ganânc*ia*
hern*ia*
homogen*eo*
imobiliar*ia*
ingen*uo*
iniq*uo*
joqu*ei*
milen*io*
miss*ei*s
nod*oa*
org*ão*s
pon*ei*
quisess*ei*s
rab*ão* (rabanete)
relevanc*ia*
rept*ei*s
Romen*ia*
Sicil*ia*
soubess*ei*s
text*ei*s
Toqu*io*
Umbr*ia*
Virgin*ia*

⑤ Acentue apenas uma das palavras sublinhadas (a sílaba tônica está destacada em itálico):

1. Quando me silen*cio*, meu si*len*cio me denuncia.
2. A secre*ta*ria foi à secreta*ri*a pegar um documento.
3. À medida que se distan*ci*a, a dis*tan*cia o intimida.
4. A *sa*bia mulher perguntou se eu sa*bi*a da história.
5. Esta lumi*na*ria ilumina*ri*a sua mesa de trabalho.
6. A ambu*lan*cia parou em frente ao caminhão de melan*ci*a.
7. Gosto de tuas ca*ri*cias quando tu me acari*ci*as.
8. Aqui sempre se deli*ci*a com uma de*li*cia de comida!
9. Quando ini*ci*o um livro, nem sempre parto do i*ni*cio.
10. Tu não le*ri*as as *le*rias que ele publica sempre no jornal.
11. Se tu me ma*go*as, não esquecerei essas *ma*goas.
12. Se a po*li*cia não se poli*ci*a, comete arbitrariedades.
13. É simples: eu pre*mi*o, e você aceita o *pre*mio.
14. Creia na divina provi*den*cia, que tudo ela providen*ci*a.
15. Dizem que ele renun*ci*a, mas não acredito nessa re*nun*cia.
16. Você se*ri*a uma pessoa menos *se*ria se convivesse comigo.
17. Porque sou incréu, um im*pi*o, não quer dizer que sou *im*pio.
18. Se você denun*ci*a, estou certo de que aceitarão sua de*nun*cia.
19. Quando calculava a pouca *fe*ria diária, aquilo o fe*ri*a de morte.
20. Ele estan*ci*a em uma es*tan*cia hidromineral para tratar a saúde.

⑥ Acentue, se necessário, os ditongos "ei", "oi" e "eu" — todos abertos — nas palavras seguintes:

al*ei*a	ap*oi*o (verbo)	b*oi*a
alugu*ei*s	assembl*ei*a	Bord*eu*s (França)
an*ei*s	aster*oi*de	Born*eu* (ilha malaia)
anz*oi*s	at*ei*a	carac*oi*s
ap*oi*am	bachar*ei*s	centop*ei*a

chap*eu*
chap*eu*zinho
colm*ei*a
constr*oi*(s)
corr*oi*
Crim*ei*a
cru*ei*s
destr*oi*
diarr*ei*a
d*oi*
Dulcin*ei*a
El*oi*
En*ei*as
epop*ei*a
est*oi*co
estr*ei*a
estr*ei*o
estr*oi*na
europ*ei*a
far*oi*s
fogar*eu*
Galil*ei*a

girass*oi*s
God*oi*
G*oi*s
her*oi*
her*oi*co
her*oi*zinho
hot*ei*s
human*oi*de
id*ei*a
id*ei*azinha
Ilh*eu*s
jib*oi*a
lenç*oi*s
leu (ao ~)
Lind*oi*a
mausol*eu*
mor*ei*a
Niter*oi*
nucl*ei*co
odiss*ei*a
onomatop*ei*a
onomatop*ei*co

Os*ei*as
panac*ei*a
pang*ei*a
pap*ei*s
pap*ei*zinhos
paran*oi*a
paran*oi*co
past*ei*s
pinc*ei*s
plat*ei*a
Romp*ei*a
prot*ei*co
r*eu*
rouxin*oi*s
seborr*ei*a
tip*oi*a
traqu*ei*a
Tr*oi*a
ur*ei*a
v*eu*
v*eu*zinho

⑦ Sublinhe a palavra correta quanto à acentuação (hiatos):

1. açai – aínda – altruísmo
2. amiúde – arcaismo – ateismo
3. abecoínha – baínha – balaústre
4. cafeina – ciúme – concluido
5. concluíndo – conteúdo – corruira
6. distribuíu – egoismo – farisaísmo
7. feiura – genuino – graudo
8. heroina – heroismo – influirmos
9. influíssem – jesuitas – judaismo
10. juiz – juizes – juizo
11. ladainha – miudo – moínho
12. país – paúl – paúis
13. prejuizo – proibe – proteína
14. raínha – raíz – raízes
15. reiúno – ruím – ruína
16. ruíndo – saída – saír
17. saiu – saude – sauva
18. taínha – ventoínha – viúvo

⑧ Grife a opção correta:

1. Quem de vocês *(vem/vêm)* ao concerto?
2. De onde *(vem/vêm)* essas crianças?
3. De onde *(provém/provêm)* esses animais?
4. Estas escolas não *(tem/têm)* prestígio.
5. Este professor *(tem/têm)* o nosso respeito.
6. Preciso *(por/pôr)* um ponto final nisso tudo.
7. Falou comigo *(por/pôr)* telefone ontem.
8. Essas pessoas são muito *(mas/más)*.
9. Não gosto dela, *(mas/más)* é boa professora.

10. Por que ninguém *(intervém/intervêm)* no caso?
11. Os presidentes *(intervém/intervêm)* na discussão.
12. É de quem menos se espera que *(vem/vêm)* as decepções.
13. De onde você *(vem/vêm)*, meu amigo?
14. *(Que/Quê)* você está dizendo?
15. Com isso, você quer dizer realmente o *(que/quê)*?
16. Qual o *(que/quê)*! Esse rapaz é um mentiroso.
17. *(Que/Quê)* que tem as crianças participarem, gentes?
18. Não há nada *(que/quê)* possamos fazer agora.
19. Ontem não pude vir. E você, não *(pode/pôde)* também. Por quê?
20. "Você *(pode/pôde)* ficar quieto, menino?", a professora berrou.
21. Alérgicos: este alimento *(contém/contêm)* traços de soja.
22. Havia um *(que/quê)* de deboche naquele sorriso.
23. Vá descansar. Você precisa *(repor/repôr)* as energias.
24. Este poema *(tem/têm)* um vocabulário muito difícil.
25. Estas coletâneas *(tem/têm)* crônicas maravilhosas.

⑨ Com base na sílaba tônica, destacada em itálico, acentue, se necessário, as palavras seguintes (atenção: se a terminação não estiver sublinhada, é porque não é levada em consideração para o emprego do acento):

ab*dom*ens
aden*oi*de
a*do*menes
afrin*can*der
al*ci*one
algo*rit*mo
a*na*tema
An*dro*meda
a*pos*tata
araç*oi*a
arcedi*a*go
a*za*fama
a*za*lea

azi*a*go
bai*u*ca
ber*be*re
bocai*u*va
*bo*er
boi*u*no
*bo*lido
*bra*mane
*bre*tema
*can*fora
*ca*nhamo
*ca*non
*ca*none

*Car*patos
cate*ter*
cau*i*la
cau*im*
ceno*bi*ta
*com*puto
*cu*pido
*dan*di
de*ben*ture
dex*tri*nase
*e*dito
*em*bolo
ener*gu*meno

Epifa*ni*a
Epi*te(c)*to
e*pi*teto
er*gas*tulo
es*por*tula
es*qua*lido
*Es*quilo
es*tre*pito
es*troi*na
fa*ran*dola
fa*u*lha
*fe*rulo
*fre*mito
*gar*rulo
Gibral*tar*
gi*ran*dola
gua*i*ba
Guaicu*is*
*gu*mex
herme*neu*tica
*hi*fenes
*hi*fen
*hi*fens
*hu*mus
im*be*le
*im*probo
incon*su*til
in*tre*pido
ja*ni*zaro
li*bi*do
*lo*brego
maie*u*tica
mandri*i*ce
masse*ter*
mioso*tis*
mis*te*r
*mu*nus
necrop*si*a
ne*gus*
*ne*mesis
*nes*pera
*o*bolo
o*bus*
para*be*lum
paracu*u*ba
*pa*ramos
parvo*i*ce
*pe*riplo
*pin*caro
*po*lipo
*pres*tito
pro*se*lito
*pro*vido
pu*di*co
pusi*la*nime
re*bu*
rei*u*no
*re*quiem
Sardana*pa*lo
*se*quito
sucu*u*ba
ta*i*nha
tei*u*
*te*trico
tor*ques*
*to*tem
*to*teme
*to*tens
tuiui*u*
tu*ri*bulo
ure*ter*
vadi*i*ce
ver*gon*tea
*vo*mer
*vor*tex
xi*i*ta

⑩ É muito útil, para fixar os estudos da acentuação, saber enunciar as regras, até que você automatize o aprendizado. Acentue, se necessário, e justifique (como nos exemplos):

Exs.:

1 – arvore: Acentuam-se todas as proparoxítonas.

2 – tatu(s): Acentuam-se as oxítonas terminadas em "a(s)", "e(s)", "o(s)", "em" e "ens". OU: Não se acentuam as oxítonas terminadas pelas vogais i(s) e u(s), a menos que elas formem hiato.

3 – plateia: Não se acentuam os ditongos abertos "ei" e "oi" nas palavras paroxítonas.

4 – saúde: Acentuam-se os hiatos "i" e "u" quando formam sílaba sozinhos ou com a letra "s".

E assim por diante. Mãos à obra!

- açai
- alem
- algaritmo(s)
- anzois
- armazem
- biquini(s)
- caju(s)
- ceu
- chapeu
- ciencia
- creem
- eletron(s)
- enjoo
- eramos
- feiura
- forum
- ganancia
- geleia
- gibi(s)
- gratuito
- guaiba
- heroi
- heroico
- hifens
- idem
- imã (magnete)
- item
- jacare(s)
- juiz
- lampada
- maracuja(s)
- matematica
- melancia
- quis
- reiuno
- reuno
- ritmo(s)
- romantico
- sairdes
- sairem
- soubesseis
- taoista
- ti
- tu
- urubu(s)
- va(s) (ir)
- vadiice
- ve(s) (ver)
- virus
- voce(s)

RESPOSTAS

①

adverti-lo, aguarrás, além, ali, aloés, amém, após, aqui, Araxá, atrás, através, Bagdá, banguê, Bauru, baús, Belém, buquê, burguês, caqui, colibri, convés, convidá-lo, cortês, diverti-lo, Grajaú, guaraná, invés, Itaguaí, Itapevi, lilás, mandacaru, mulungu, ninguém, orixá, pajé, pirarucu, Ransés, recém-chegado, sassafrás, tambaqui, também, taquaruçu, tarô, tatu, Tomás, tuiuiú, umbu, vatapá, xangô, Zezé

②

cós, cru, dá-lo, dê, dês, dó, flor, gás, há, jus, lê, lês, li, mês, nós, nu, pós-graduação, pré-histórico, rês, rés, si, trás, três, tu, vê, vês, vez, vi, vós, voz

③

abdômen, acórdão, açúcar, africânder, álbum, albúmen, amável, Aníbal, anti-higiênico, automóvel, bíceps, bílis, biquíni, bôer, Bolívar, cáften, cânon, caráter, clímax, cólon, cólons, cônsul, dólmã, dólmen, dolmens, dúctil, éter, fêmur, fícus, fórceps, fórum, fóruns, fósseis, fôsseis, gângster, gêiser, gérmen, germens, glúten, glutens, hamamélis, hífen, hifens, húmus, íbis, idem, lêmen, ímã, Íris, item, itens, látex, líquen, liquens, mapa-múndi, Mílton, miosótis, mórmon, mórmons, Nagasáqui, náilon, náilons, Níger, Nílson, ônus, pólen, polens, Pólux, pôquer, Quéops, ritmo, rúgbi, safári, Setúbal, solúvel, super-herói, táctil, Tânger, tênis, têxtil, tônus, totem, totens, Túnis, Vênus, Vílson, vômer

④

abstêmio, aéreo, amaríeis, Amazônia, ambulância, amêndoa, ânsia, Antônio, azálea, bênção, bilíngue, calvície, cárie, ciência, coletânea, consciência, crânio, Cristóvão, espécie, Estêvão, exíguo, fúcsia, ganância, hérnia, homogêneo, imobiliária, ingênuo, iníquo, jóquei, milênio, mísseis, nódoa, órgãos, pônei, quisésseis, rábão, relevância, répteis, Romênia, Sicília, soubésseis, têxteis, Tóquio, Úmbria, Virgínia

⑤

1. Quando me <u>silencio</u>, meu <u>silêncio</u> me denuncia.
2. A <u>secretária</u> foi à <u>secretaria</u> pegar um documento.
3. À medida que se <u>distancia</u>, a <u>distância</u> o intimida.
4. A <u>sábia</u> mulher perguntou se eu <u>sabia</u> da história.
5. Esta <u>luminária</u> <u>iluminaria</u> sua mesa de trabalho.
6. A <u>ambulância</u> parou em frente ao caminhão de <u>melancia</u>.
7. Gosto de tuas <u>carícias</u> quando tu me <u>acaricias</u>.
8. Aqui sempre se <u>delicia</u> com uma <u>delícia</u> de comida!
9. Quando <u>inicio</u> um livro, nem sempre parto do <u>início</u>.
10. Tu não <u>lerias</u> as <u>lérias</u> que ele publica sempre no jornal.
11. Se tu me <u>magoas</u>, não esquecerei essas <u>mágoas</u>.
12. Se a <u>polícia</u> não se <u>policia</u>, comete arbitrariedades.
13. É simples: eu <u>premio</u>, e você aceita o <u>prêmio</u>.
14. Creia na divina <u>providência</u>, que ela tudo <u>providencia</u>.
15. Dizem que ele <u>renuncia</u>, mas não acredito nessa <u>renúncia</u>.
16. Você <u>seria</u> uma pessoa menos <u>séria</u> se convivesse comigo.
17. Porque sou incréu, um <u>impio</u>, não quer dizer que sou <u>ímpio</u>.
18. Se você <u>denuncia</u>, estou certo de que aceitarão sua <u>denúncia</u>.
19. Quando calculava a pouca <u>féria</u> diária, aquilo o <u>feria</u> de morte.
20. Ele <u>estancia</u> em uma <u>estância</u> hidromineral para tratar a saúde.

⑥

aleia, aluguéis, anéis, anzóis, apoiam, apoio, assembleia, asteroide, ateia, bacharéis, boia, Bordéus, Bornéu, caracóis, centopeia, chapéu, chapeuzinho, colmeia, constrói(s), corrói, Crimeia, cruéis, destrói, diarreia, dói, Dulcineia, Elói, Eneias, epopeia, estoico, estreia, estreio, estroina, europeia, faróis, fogaréu, Galileia, girassóis, Godói, Góis, herói, heroico, heroizinho, hotéis, humanoide, ideia, ideiazinha, Ilhéus, jiboia, lençóis, léu, Lindoia, mausoléu, moreia, Niterói, nucleico, odisseia, onomatopeia, onomatopeico, Oseias, panaceia, pangeia, papéis, papeizinhos, paranoia, paranoico, pastéis, pincéis, plateia, Pompeia, proteico, réu, rouxinóis, seborreia, tipoia, traqueia, Troia, ureia, véu, veuzinho

⑦

1. altruísmo
2. amiúde
3. balaústre
4. ciúme
5. conteúdo
6. farisaísmo
7. feiura
8. influirmos
9. influíssem
10. juiz
11. ladainha
12. país
13. proteína
14. raízes
15. ruína
16. saída
17. saiu
18. viúvo

⑧

1. vem (= “De vocês, quem vem...?”)
2. vêm
3. provêm
4. têm
5. tem
6. pôr
7. por
8. más
9. mas
10. intervém
11. intervêm
12. vêm
13. vem
14. Que
15. quê
16. quê
17. Quê
18. que
19. pôde
20. pode
21. contém
22. quê
23. repor
24. tem
25. têm

⑨

abdomens, adenoide, adômenes, africânder, alcíone, algoritmo, anátema, Andrômeda, apóstata, araçoia, arcediago, azáfama, azálea, aziago, baiuca, berbere, bocaiuva, bôer, boiuno, bólido, brâmane, brêtema, cânfora, cânhamo, cânon, cânone, Cárpatos, cateter, cauila, cauim, cenobita, cômputo, cúpido, dândi, debênture, dextrínase, édito, êmbolo, energúmeno, Epifania, Epite(c)to, epíteto, ergástulo, espórtula, esquálido, Ésquilo, estrépito, estroina, farândola, faúlha, férula, frêmito, gárrulo, Gibraltar, girândola, guaíba, Guaicuís, gúmex, hermenêutica, hífenes, hífen, hifens, húmus, imbele, ímprobo, inconsútil, intrépido, janízaro, libido, lôbrego, maiêutica, mandriice, masseter, miosótis, mister, múnus, necropsia, negus, nêmesis, nêspera, óbolo, obus, parabélum, paracuuba, páramos, parvoíce, périplo, píncaro, pólipo, préstito, prosélito, próvido, pudico, pusilânime, rebu, reiuno, réquiem, Sardanapalo, séquito, sucuuba, tainha, teiú, tétrico, torquês, totem, tóteme, totens, tuiuiú, turíbulo, ureter, vadiice, vergôntea, vômer, vórtex, xiita

⑩

* açaí: Acentuam-se o "i" e "u" em hiato quando formam sílaba sozinhos ou com "s", e desde que não sejam seguidos de "nh" nem precedidos de ditongo decrescente.
* além: Acentuam-se as oxítonas terminadas em "a(s)", "e(s)", "o(s)", "em", "ens".
* algaritmo(s): Não se acentuam as paroxítonas terminadas em "a(s)", "e(s)", "o(s)", "em", "ens".
* anzóis: Acentuam-se os ditongos abertos "éi" e "ói" — em sílaba tônica — exceto nas paroxítonas.
* armazém: Acentuam-se as oxítonas terminadas em "a(s)", "e(s)", "o(s)", "em", "ens".
* biquíni(s): Acentuam-se as paroxítonas terminadas em "i(s)" e "u(s)". (OU: Acentuam-se as paroxítonas com terminações diferentes de "a(s)", "e(s)", "o(s)", "em", "ens", pois essas terminações já preveem acento nas oxítonas.)
* caju(s): Não se acentuam oxítonas terminadas em "i(s)" e "u(s)", a menos que essas vogais formem hiato.
* céu: Acentua-se o ditongo aberto "éu", independentemente da tonicidade.
* chapéu: Mesma justificativa anterior.
* ciência: Acentuam-se todas as paroxítonas terminadas em ditongo, de qualquer tipo, seguido ou não de "s".
* creem: Não se acentua (mais) a primeira vogal dos hiatos "ee" e "oo".
* elétron(s): Acentuam-se as paroxítonas terminadas em "on(s)" (OU: Acentuam-se as paroxítonas com terminações diferentes de "a(s)", "e(s)", "o(s)", "em", "ens", pois essas terminações já preveem acento nas oxítonas.)
* enjoo: Não se acentua (mais) a primeira vogal dos hiatos "ee" e "oo".
* éramos: Acentuam-se todas as proparoxítonas.
* f<u>ei</u>ura: Não se acentuam o "i" e "u" em hiato quando precedidos de ditongo decrescente.
* fórum: Acentuam-se as paroxítonas terminadas em "um" e "uns" (ou: Acentuam-se as paroxítonas com terminações diferentes de "a(s)", "e(s)", "o(s)", "em", "ens", pois essas terminações já preveem acento nas oxítonas.)
* ganância: Acentuam-se todas as paroxítonas terminadas em ditongo, de qualquer tipo, seguido ou não de "s".
* geleia: Não se acentuam os ditongos abertos "éi" e "ói" nas paroxítonas.
* gibi(s): Não se acentuam as oxítonas terminadas em "i(s)" e "u(s)", a menos que essas vogais formem hiato.

* gratuito: Nunca se acentua a base (isto é, a vogal tônica) do ditongo "ui" (ou: Só se acentuam os ditongos "ei", "oi" e "eu".)
* guaíba: Acentuam-se o "i" e "u" em hiato quando formam sílaba sozinhos ou com "s", e desde que não sejam seguidos de "nh" nem precedidos de ditongo decrescente.
* herói: Acentuam-se os ditongos abertos "éi" e "ói" — em sílaba tônica — exceto nas paroxítonas.
* heroico: Não se acentuam os ditongos abertos "éi" e "ói" nas paroxítonas.
* hifens: Não se acentuam as paroxítonas terminadas em "a(s)", "e(s)", "o(s)", "em" e "ens", pois essas terminações já preveem acento nas oxítonas.
* idem: Não se acentuam as paroxítonas terminadas em "a(s)", "e(s)", "o(s)", "em" e "ens", pois essas terminações já preveem acento nas oxítonas.
* ímã: Acentuam-se as paroxítonas terminadas em "ã(s)" (OU: Acentuam-se as paroxítonas com terminações diferentes de "a(s)", "e(s)", "o(s)", "em" e "ens", pois essas terminações já preveem acento nas oxítonas.)
* item: Não se acentuam as paroxítonas terminadas em "a(s)", "e(s)", "o(s)", "em" e "ens", pois essas terminações já preveem acento nas paroxítonas.
* jacaré(s): Acentuam-se as oxítonas terminadas em "a(s)", "e(s)", "o(s)", "em", "ens".
* juiz: Não se acentuam os hiatos "i" e "u" quando formam sílaba com letra diferente de "s" ("ju-iz").
* lâmpada: Acentuam-se todas as proparoxítonas.
* maracujá(s): Acentuam-se as oxítonas terminadas em "a(s)", "e(s)", "o(s)", "em", "ens".
* matemática: Acentuam-se todas as proparoxítonas.
* melancia: Não se acentuam paroxítonas terminadas em "a(s)", "e(s)", "o(s)", "em", "ens" ("me-lan-ci-a"), pois essas terminações já preveem acento nas oxítonas.
* quis: Não se acentuam monossílabas tônicas terminadas em "i(s)" ou "u(s)".
* reiuno: Não se acentuam os hiatos "i" e "u" quando precedidos de ditongo decrescente ("rei-u-no").
* reúno: Acentuam-se o "i" e "u" em hiato quando formam sílabas sozinhos ou com "s", e desde que não estejam seguidos de "nh" nem precedidos de ditongo decrescente ("re-ú-no").
* ritmo(s): Não se acentuam paroxítonas terminadas em "a(s)", "e(s)", "o(s)", "em", "ens", pois essas terminações já preveem acento nas oxítonas.
* romântico: Acentuam-se todas as proparoxítonas.
* sairdes: Não se acentuam o "i" e o "u" em hiato quando formam sílaba com letra diferente de "s" ("sa-ir-des").

* saírem: Acentuam-se o "i" e "u" em hiato quando formam sílabas sozinhos ou com "s", e desde que não estejam seguidos de "nh" nem precedidos de ditongo decrescente ("sa-í-rem").
* soubésseis: Acentuam-se todas as paroxítonas terminadas em ditongo, de qualquer tipo, seguido ou não de "s".
* taoista: Não se acentuam o "i" e "u" em hiato quando precedidos de ditongo decrescente ("tao-is-ta").
* ti: Não se acentuam monossílabas tônicas terminadas em "i" ou "u".
* tu: Não se acentuam monossílabas tônicas terminadas em "i" ou "u".
* urubu(s): Não se acentuam oxítonas terminadas em "i(s)" ou "u(s)", a menos que essas vogais formem hiato.
* va(s): Acentuam-se as monossílabas tônicas terminadas em "a(s)", "e(s)", "o(s)".
* vadiice: Não se acentuam o "i" e o "u" quando precedidos por vogal idêntica, mesmo que formem sílaba sozinhos ("va-di-i-ce").
* vê(s): Acentuam-se as monossílabas tônicas terminadas em "a(s)", "e(s)", "o(s)".
* vírus: Acentuam-se as paroxítonas terminadas em "u(s)" (OU: Acentuam-se as paroxítonas com terminações diferentes de "a(s)", "e(s)", "o(s)", "em" e "ens", pois essas terminações já preveem acento nas oxítonas.)
* você(s): Acentuam-se as oxítonas terminadas em "a(s)", "e(s)", "o(s)", "em", "ens".

ANEXOS

ANEXO 1

OBSERVAÇÕES FINAIS SOBRE ACENTUAÇÃO GRÁFICA

♦ TREMA (Ü)

Compare os pares de palavras seguintes: “quente” e “frequente”; “quilo” e “tranquilo”. Você pode notar que, na primeira palavra de cada par, a letra “u” não é pronunciada, constituindo um **dígrafo** [kẽnti] e [kilu] (isto é, as duas letras, “qu”, equivalem a uma única letra). Já na segunda palavra de cada par, o “u” é pronunciado, constituindo, portanto, um **ditongo**: [frekwẽti] e [trãkwilu] (o “u” é **semivogal**). Antes do Acordo Ortográfico vigente, assinalava-se o “u” pronunciado com trema (isto é, grafava-se “ü”). O mesmo se dava com o grupo “gu”, em palavras como “sangüíneo”, “agüentar”, “bilíngüe”, etc.

O trema, porém, foi abolido em todos esses casos, permanecendo apenas em palavras de origem estrangeira, tais como “hübneriano” (de “Hübner”), “mülleriano” (de “Müller”), etc.

Curiosamente, é necessário que os dicionários indiquem nos seus verbetes, entre parênteses, que o “u” é pronunciado, assim: “agueiro” (ü), “sanguíneo” (ü), “tranquilo” (ü), etc.

Parece-nos, portanto, que o trema era um “sinalzinho” essencial como **notação léxica** no auxílio à pronúncia correta das palavras.

♦ VERBOS *ARGUIR* E *REDARGUIR* (ALTERADOS PELO NOVO ACORDO)

Perderam o acento na vogal “u” nas **formas rizotônicas**, isto é, aquelas cuja sílaba tônica está no **radical** (simplificando: as **formas arrizotônicas** são a 1ª e a 2ª pessoas do plural, “nós” e “vós”):

eu ar*guo* (ú), tu ar*guis* (ú), ele ar*gui* (ú), eles ar*gu*em (sílabas tônicas em itálico) nós argu*í*mos, vós argu*í*s (**formas arrizotônicas**) (sílabas tônicas em itálico).

OBSERVAÇÃO

Os exemplos acima estão no **presente do indicativo**; o mesmo se aplica ao **presente do subjuntivo**: (que) eu ar*gu*a (ú), tu ar*gu*as (ú), ele ar*gu*a (ú), nós argu*a*mos, vós argu*ais*, eles ar*gu*am (sílabas tônicas em itálico).

• VERBOS TAIS COMO *APANIGUAR*, *APAZIGUAR*, *AVERIGUAR*, ETC.

Conjugam-se de duas formas:

1ª) Com o "u" tônico nas **formas rizotônicas** (mas sem acento):
eu averi*gu*o (ú), tu averi*gu*as (ú), ele averi*gu*a (ú), eles averi*gu*am (ú) (sílabas tônicas em itálico)
formas arrizotônicas: nós averi*gua*mos, vós averi*guais* (aqui, "u" não é tônico, constituindo **semivogal**)

2ª) O "u" é **semivogal**, e as formas verbais são **paroxítonas** terminadas em **ditongo crescente** (exceto em "nós", "vós" e "eles"):
eu ave*rí*guo, tu ave*rí*guas, ele ave*rí*gua, nós averi*gua*mos (**ditongo**), vós averi*guais* (**tritongo**), eles ave*ríguam* (**tritongo**) (notem-se os acentos)

O mesmo se dá com o **presente do subjuntivo**:

1ª) (que) eu averi*gu*e (ú), tu averi*gu*es (ú), averi*gu*e (ú), eles averi*gu*em (ú)
formas arrizotônicas: (que) nós averi*gue*mos (ü), vós averi*gueis* (ü)

2ª) (que eu) ave*rí*gue (ü), tu ave*rí*gues (ü), ele ave*rí*gue (ü), eles ave*rí*guem (ü)
(que) nós averi*gue*mos (ü), vós averi*gueis* (ü)

• ACENTOS DIFERENCIAIS (NÃO APLICÁVEIS AO PORTUGUÊS BRASILEIRO)

* *dêmos / demos*

É preciso que nós dêmos mais de nós mesmos no trabalho. **(presente do subjuntivo)**
Ontem nós demos uma festa para homenageá-lo. **(pretérito perfeito do indicativo)**

* *amámos/amamos, louvámos/louvamos,* etc.

Nós nos amamos muito. Estamos juntos há cinquenta anos. **(presente do indicativo)**
Nós nos amámos muito um dia, mas tudo se acabou. **(pretérito perfeito do indicativo)**

Tanto o acento em "dêmos", como em "amámos", "louvámos" (e outros verbos do tipo) não serão empregados no português brasileiro porque a pronúncia brasileira é, rigorosamente, a mesma.

♦ PALAVRAS HIFENIZADAS

Cada um dos elementos que formam o todo é autônomo; assim, cada um será ou não acentuado de acordo com a regra pertinente: *mapa-múndi* ("mapa" não se acentua, pois é **paroxítona** terminada em "a(s)"; "múndi" se acentua, pois é **paroxítona** terminada em "i(s)"). Exemplo com ambos os elementos acentuados: "herói-cômico" (redução de "heroico-cômico"): "herói": acentuam-se os **ditongos abertos** "éi" ou "ói" (exceto nas **paroxítonas**, como é o caso de "heroico"); "cômico": acentuam-se todas as palavras **proparoxítonas**.

♦ *CAMPUS* OU CÂMPUS? (LATINISMOS)

Palavras ou expressões oriundas do latim não são acentuadas, ainda que se enquadrem dentro das normas vigentes de acentuação. A palavra "campus" (ou seu plural "campi") poderiam, aparentemente, ser acentuadas, pela mesma razão que acentuamos "vírus" ou "íris" (regra das **paroxítonas** terminadas em "i(s)", "u(s)").

Note-se, entretanto, que o acento deve ser empregado apenas nos latinismos já aportuguesados, fixados pela tradição escrita (não é o caso de "campus" nem de "campi"); eis alguns exemplos: "álibi", "déficit", "réquiem" (**proparoxítonas**); "fórum", "vade-mécum", "quórum" (**paroxítonas**), etc.

♦ TIL

Não é, a rigor, **acento gráfico**; é um **sinal diacrítico** (ou **notação léxica**) que se usa para auxiliar na pronúncia correta das palavras. É usado apenas sobre as vogais "a" e "o" para indicar **nasalização** dessas vogais, como nos exemplos seguintes:

ma*nhã* (cp.: *ma*nha)
ma*çã* (cp.: *ma*ça)
Bal*cãs* (*ou Bál*cãs)
a*nões*, li*mões*, etc.

Pode, às vezes, acumular a função de acento gráfico e índice de nasalização, por exemplo, nas palavras **monossílabas tônicas** (*lã*, *vã*, etc.) e **oxítonas** (man*hã*, ma*çã*, etc.), desde que não figure na palavra um acento gráfico (agudo ou circunflexo). Na palavra "órgão", por exemplo, é apenas sinal de nasalização, pois nela já ocorre acento agudo; em "maçã", acumula ambas as funções (nota: "*maça*", sem acento, é um tipo de arma: "clava").

• OS QUATRO "PORQUÊS": POR QUE, POR QUÊ, PORQUÊ, PORQUE

POR QUE (SEPARADO, SEM ACENTO)

* Emprega-se em **interrogação direta** ou **indireta**:

Por que você está preocupado? **(direta)**
Ele me perguntou por que eu estava preocupado. **(indireta)**

Nestes casos, podem-se subentender as palavras "motivo" ou "razão": "Por que (motivo/razão)...", "Ele me perguntou por que (motivo/razão) ...".

Também se emprega quando equivale a "pelo qual" (e variações):

As dificuldades por que passei, ninguém as imagina. (isto é, "... pelas quais passei...")

POR QUÊ (SEPARADO, COM ACENTO)

* Emprega-se em fim de frase:

Você está preocupado por quê?
Ele está preocupado, e eu não sei por quê.

* Ou em forte pausa suspensiva:

Não sei por quê, mas ele parece preocupado.

Neste último exemplo, muitos autores não empregam o acento, mas tal regra se encontra consignada em muitas gramáticas normativas conceituadas.

PORQUÊ (JUNTO, COM ACENTO)

* Emprega-se como **substantivo**, por isso é geralmente antecedido do artigo "o(s)" e substitui a palavra "motivo":

Não sei o porquê, mas ele parece preocupado. (isto é, "Não sei o motivo...")

Neste caso, pode ir para o plural:

Não venhas com tuas velhas desculpas. Não quero ouvir teus porquês.

Note-se que, no primeiro caso acima ("por que", separado, sem acento), a palavra "motivo" (ou "razão") fica subentendida; já a palavra "porquê" (junto, com acento) é substituída por "motivo".

PORQUE (JUNTO, SEM ACENTO)

* Emprega-se nas justificativas, equivalendo a "pois", "como", "já que", etc.

Estou preocupado porque não estou bem de saúde. (isto é, "Estou preocupado, pois não estou...")

♦ PALAVRAS COM DUPLA PROSÓDIA

Algumas palavras admitem mais de uma pronúncia (quanto à posição da sílaba tônica). Alguns autores falam em formas preferíveis, mas esse é um critério muito subjetivo; atente-se, pois, nas seguintes (sílaba tônica em itálico):

a*cró*bata ou acro*ba*ta
a*ló*pata ou alo*pa*ta
a*ní*drido ou ani*dri*do
au*tóp*sia ou atop*si*a (au-top-*si*-a)
a*zá*lea ou aza*lei*a
b*ió*psia ou biop*si*a (bi-op-*si*-a)
cri*sân*temo ou crisan*te*mo
*dú*plex ou du*plex*
geo*dé*sia ou geode*si*a
hie*ró*glifo ou hiero*gli*fo
ho*mí*lia ou homi*li*a (ho-mi-*li*-a)
ne*cróp*sia ou necrop*si*a (ne-crop-*si*-a)
nefe*lí*bata ou nefeli*ba*ta
Oce*â*nia ou Ocea*ni*a (O-ce-a-*ni*-a)

ortoé*pia* ou ortoe*pia* (or-to-e-*pi*-a)
pro*jé*til ou proje*til*
*rép*til ou rep*til*
sa*fá*ri ou safa*ri*
*só*ror ou so*ror*
tran*sís*tor ou transis*tor*
*xé*rox ou xe*rox*
*zân*gão ou zan*gão*

ANEXO 2

ERROS MUITO COMUNS DE ACENTUAÇÃO

As palavras seguintes são frequentemente empregadas com acento indevido. Leia-as com atenção (se desejar, para uma prática adicional) aproveite para justificar o erro, como no exemplo:

Ex.: fêz – *Não se acentuam monossílabas tônicas terminadas em "e(z)", mas sim as terminadas em "e(s)".*

- aquí
- azúis
- cajú
- côco
- constróem
- eclípse
- feiúra
- flôres
- geografía
- gratuíto
- hífens
- idéia
- ítem
- juíz
- melância
- misântropo
- perdôo
- repôr
- rítmo
- rúbrica
- sêde
- substântivo
- talvêz
- tí
- tú
- vêem

RESPOSTAS

- aquí: Não se acentuam as oxítonas terminadas em "i(s)" ou "u(s)" quando essas vogais vêm precedidas de consoante (nota: o "u" não é fonema em "aqui", pois não é pronunciado)
- azúis: Não se acentua o ditongo "ui" (os únicos acentuados são "éi", "ói" e "éu").
- cajú: Não se acentuam as oxítonas terminadas em "i(s)" ou "u(s)" quando essas vogais vêm precedidas de consoante.
- côco: Não se acentuam as paroxítonas terminadas em "a(s)", "e(s)", o(s), "em", "ens", pois essas terminações já preveem acento nas oxítonas.
- constroem: Não se acentuam as paroxítonas terminadas em "a(s)", "e(s)", o(s), "em", "ens", pois essas terminações já preveem acento nas oxítonas ("cons-tro-em").
- eclípse: Não se acentuam as paroxítonas terminadas em "a(s)", "e(s)", o(s), "em", "ens", pois essas terminações já preveem acento nas oxítonas.
- feiúra: Não se acentuam o "i" ou "u" em hiato, mesmo quando formam sílaba sozinhos, se vierem precedidos de ditongo decrescente ("fei-u-ra").
- flôres: Não se acentuam as paroxítonas terminadas em "a(s)", "e(s)", o(s), "em", "ens", pois essas terminações já preveem acento nas oxítonas.
- geografía: Não se acentuam as paroxítonas terminadas em "a(s)", "e(s)", o(s), "em", "ens", pois essas terminações já preveem acento nas oxítonas ("ge-o-gra-fi-a").
- gratúito: Não se acentua o ditongo "ui" (os únicos acentuados são "éi", "ói" e "éu").
- hífens: Não se acentuam as paroxítonas terminadas em "a(s)", "e(s)", o(s), "em", "ens", pois essas terminações já preveem acento nas oxítonas.
- idéia: Não se acentuam os ditongos abertos "éi" ou "ói" nas paroxítonas.
- ítem: Não se acentuam as paroxítonas terminadas em "a(s)", "e(s)", o(s), "em", "ens", pois essas terminações já preveem acento nas oxítonas.
- juíz: Não se acentuam o "i" ou "u" em hiato quando formam sílaba com letra diferente de "s" ("ju-iz").
- melância: Não se acentuam as paroxítonas terminadas em "a(s)", "e(s)", o(s), "em", "ens", pois essas terminações já preveem acento nas oxítonas ("me-lan-ci-a").
- misântropo: Não se acentuam as paroxítonas terminadas em "a(s)", "e(s)", o(s), "em", "ens", pois essas terminações já preveem acento nas oxítonas ("mi-san-tro-po").

- perdôo: Aboliu-se o acento agudo na primeira vogal dos hiatos “ee” e “oo”. (OU: Não se acentuam as paroxítonas terminadas em “o(s)”, pois essa terminação já prevê acento nas oxítonas).
- repôr: Não se acentua com acento diferencial o infinitivo dos verbos derivados de “pôr”.
- rítmo: Não se acentuam as paroxítonas terminadas em “a(s)”, “e(s)”, o(s), “em”, “ens”, pois essas terminações já preveem acento nas oxítonas.
- rúbrica: Não se acentuam as paroxítonas terminadas em “a(s)”, “e(s)”, o(s), “em”, “ens”, pois essas terminações já preveem acento nas oxítonas (“ru-bri-ca”).
- sêde: Não se acentuam as paroxítonas terminadas em “a(s)”, “e(s)”, o(s), “em”, “ens”, pois essas terminações já preveem acento nas oxítonas.
- substântivo: Não se acentuam as paroxítonas terminadas em “a(s)”, “e(s)”, o(s), “em”, “ens”, pois essas terminações já preveem acento nas oxítonas (“subs-tan-ti-vo”).
- talvêz: Não se acentuam oxítonas terminadas em “e(z)”, mas sim as terminadas em “e(s)”.
- tí: Não se acentuam monossílabas tônicas terminadas em “i(s)” ou “u(s)”.
- tú: Não se acentuam monossílabas tônicas terminadas em “i(s)” ou “u(s)”.
- vêem: Aboliu-se o acento na primeira vogal dos hiatos “ee” e “oo” (OU: Não se acentuam as paroxítonas terminadas por “em” ou “ens”).

ANEXO 3

ACENTUAÇÃO (NOMES DE CIDADES)

Vamos fixar as regras de acentuação usando nomes próprios de cidades? O Brasil é rico em nomes de cidades desafiadores para a pronúncia, caso em que a presença (ou ausência) do acento pode ajudar o leitor a decidir-se acerca da pronúncia correta.

Grife a sílaba tônica, analise a terminação (ou os casos em que ocorrem encontro vocálico e decida se a palavra deve ser acentuada ou não). Em alguns casos, dividimos em sílabas para ajudá-lo a pensar nos critérios de acentuação:

Acarati (O)
Acaratu (O)
Acegua (O) (A-ce-gua)
Acreuna (PAR) (A-cre-u-na)
Aguai (O) (A-gua-i)
Alagoinha (PAR) (...go-i-nha)
Anajas (O)
Anaje (O) ("e" aberto)
Anapolis (PROP)
Anapurus (O)
Andira (O)
Araças (O)
Araçuai (O) (A-ra-çu-a-i)
Araruna (PAR)
Araua (O) (A-rau-a)
Assu (O)
Ataleia (PAR) (A-ta-lei-a)
Axixa (O)
Baependi (O)
Banabuiu (O) (Ba-na-bui-u)
Barauna (PAR) (Ba-ra-u-na)
Bariri (O)
Beberibe (PAR)
Boituva (PAR)
Bora (O)
Brasileia (PAR) (Bra-si-lei-a)

Butia (O) (Bu-ti-a)
Cabrobo (O)
Caem (O) (Ca-em)
Cafeara (PAR)
Caiua (O) (Cai-u-a)
Cajuri (O)
Cajuru (O)
Cambara (O)
Cambira (PAR)
Candelaria (PAR) (... de-la-ria)
Candoi (O) (Can-doi; "o" aberto)
Canhoba (PAR)
Canta (O)
Caparao (O) (Ca-pa-ra-o)
Capivari (O)
Caputira (PAR)
Carai (O) (Ca-ra-i)
Carceres (PROP)
Caroebe (PAR)
Caruaru (O)
Caxambu (O)
Chapeco (O)
Choro (O)
Cipotanea (PAR) (... ta-nea)
Ciriaco (PROP)
Cora (O) (Serro ~)

Coreau (O) (Co-re-a-u)
Coribe (PAR)
Cortes (PAR) (Senador ~)
Corumba (O)
Crateus (O) (Cra-te-us)
Criciuma (PAR) (... ci-u-ma)
Crisolita (PROP)
Crixas (O) (Nova ~)
Croata (O)
Cupira (PAR)
Ecoporanga (PAR)
Eirunepe (O)
Embu-Guaçu (O/O)
Envira (PAR)
Erere (O)
Exu (O)
Felix (PAR) (S. ~)
Ferrer (PAR) (S. Vicente ~)
Fidelis (PAR) (S. ~)
Florida (PAR)
Garambeu (O) (Santana do ~)
Gaurama (PAR)
Girua (O) (Gi-ru-a)
Goiana (O)
Goiandira (PAR)
Goioere (O) (Goi-o-e-re)
Goita (O) (Glória do ~)
Grajau (O) (Gra-ja-u)
Gravata (O)
Gravatai (O) (Gra-va-ta-i)
Guaçui (O) (Gua-çu-i)
Guama (O)
Guanambi (O)
Guapiaçu (O)
Guaranta (O)
Guararapes (PAR)
Gurinhem (O)
Gurupa (PAR)
Gurupi (O)
Icanga (PAR)
Ibatiba (PAR)
Ibiai (O) (I-bi-a-i)
Ibirajuba (PAR)
Ibitinga (PAR)
Iguaba (PAR) (~ Grande)
Iguape (PAR)
Inhacora (O) (S. José do ~)
Inhauma (PAR) (I-nha-u-ma)
Ipaba (PAR)
Ipixuna (PAR)
Irara (O)
Itacambira (PAR)
Itajai (O) (... ja-i)
Itajuba (O)
Itapeva (PAR)
Itapevi (O)
Itauna (PAR) (... ta-u...)
Itu (O)
Jacareacanga (PAR)
Jeceaba (PAR)
Jequitiba (O)
Jerico (O)
Joaima (PAR) (Jo-a-i-ma)
Jucas (O)
Juiz (O) (~ de Fora)
Jundia (O) (Jun-di-a)
Jundiai (O) (... di-a-i)
Langaro (PROP) (Vila ~)
Lençois (O) (Paulistas)
Lindoia (PAR) (Lin-doi-a)
Macae (O) (Ma-ca-e)
Macaparana (PAR)
Maracaja (O)
Maracaju (O)
Marica (O)
Maringa (O)
Maruim (O) (Ma-ru-im)
Matipo (O)

Maua (O) (Mau-a)
Mossoro (O)
Muriae (O) (Mu-ri-a-e)
Naque (PAR)
Nonoai (O) (No-no-ai)
Nuporanga (PAR)
Obidos (PROP)
Orobo (O)
Parecis (O) (Alto Alegre dos ~)
Pariquera-Açu (PAR/O)
Pauliceia (PAR) (Pau-li-cei-a)
Paulinia (PAR) (Pau-li-nia)
Peritiba (PAR)
Peruibe (PAR) (Pe-ru-i-be)
Petropolis (PROP)
Pianco (O)
Pindoba (PAR)
Pindobaçu (O)
Poa (O) (Po-a)
Pompeia (PAR) (Pom-pei-a)
Pompeu (O) (...-peu; "e" aberto)
Porciuncula (PROP)
Poxoreu (O) (... xo-reu; "e" aberto)
Propria (O) (Pro-pri-a)
Quata (O) (Qua-ta)
Quatis (O) (Quatis)
Pote (O)
Quitunde (PAR) (S. Luís do ~)
Quixaba (PAR)
Quixada (O)
Regis (PAR) (Pedro ~)
Rifaina (PAR) (Ri-fai-na)
Rubiacea (PAR) (Ru-bi-a-cea)
Sabara (O)
Saloa (O) (Sa-lo-a)
Sanharo (O)
Satiro (PROP) (~ Dias)
Satuba (PAR)
Satutaia (O) (... tai-a)
Saubara (PAR)
Seara (PAR)
Senges (O)
Seropedica (PROP)
Sertania (PAR) (Ser-ta-nia)
Sirinhaem (O) (Si-ri-nha-em)
Soure (PAR) (Nova ~)
Suaçui (O) (Su-a-çu-i)
Sumare (O)
Tabira (PAR)
Taio (O) (Tai-o)
Tapera (PAR) (S. João da ~)
Tarauaca (O) (Ta-rau-a-ca)
Tavora (PROP) (Joaquim ~)
Toritama (PAR)
Tucunduva (PAR)
Tuiuti (O) (Tui-u-ti)
Tutoia (PAR) (Tu-toi-a)
Una (O) (S. Bento do ~)
Uruara (O)
Utinga (PAR)
Xexeu (O) (... xeu; "e" aberto)
Xinguara (PAR)
Uba (O)
Ubai (O) (U-ba-i)
Ourem (O)

RESPOSTAS

Acarati (O)
Acaratu (O)
Aceguá (O) (A-ce-gua)
Acreúna (PAR) (A-cre-u-na)
Aguaí (O) (A-gua-i)
Alagoinha (PAR) (...go-i-nha)
Anajás (O)
Anajé (O) ("e" aberto)
Anápolis (PROP)
Anapurus (O)
Andirá (O)
Araçás (O)
Araçuaí (O) (A-ra-çu-a-i)
Araruna (PAR)
Arauá (O) (A-rau-a)
Assu (O)
Ataleia (PAR) (A-ta-lei-a)
Axixá (O)
Baependi (O)
Banabuiú (O) (Ba-na-bui-u)
Baraúna (PAR) (Ba-ra-u-na)
Bariri (O)
Beberibe (PAR)
Boituva (PAR)
Borá (O)
Brasileia (PAR) (Bra-si-lei-a)
Butiá (O) (Bu-ti-a)
Cabrobó (O)
Caém (O) (Ca-em)
Cafeara (PAR)
Caiuá (O) (Cai-u-a)
Cajuri (O)
Cajuru (O)
Cambará (O)
Cambira (PAR)
Candelária (PAR) (... de-la-ria)
Candói (O) (Can-doi; "o" aberto)

Canhoba (PAR)
Cantá (O)
Caparaó (O) (Ca-pa-ra-o)
Capivari (O)
Caputira (PAR)
Caraí (O) (Ca-ra-i)
Cárceres (PROP)
Caroebe (PAR)
Caruaru (O)
Caxambu (O)
Chapecó (O)
Chororó (O)
Cipotânea (PAR) (... ta-nea)
Ciríaco (PROP)
Corá (O) (Serro ~)
Coreaú (O) (Co-re-a-u)
Coribe (PAR)
Cortês (PAR) (Senador ~)
Corumbá (O)
Crateús (O) (Cra-te-us)
Criciúma (PAR) (... ci-u-ma)
Crisólita (PROP)
Crixás (O) (Nova ~)
Croatá (O)
Cupira (PAR)
Ecoporanga (PAR)
Eirunepé (O)
Embu-Guaçu (O/O)
Envira (PAR)
Ererê (O)
Exu (O)
Félix (PAR) (S. ~)
Férrer (PAR) (S. Vicente ~)
Fidélis (PAR) (S. ~)
Florida (PAR)
Garambéu (O) (Santana do ~)
Gaurama (PAR)

Giruá (O) (Gi-ru-a)
Goianá (O)
Goiandira (PAR)
Goioerê (O) (Goi-o-e-re)
Goitá (O) (Glória do ~)
Grajaú (O) (Gra-ja-u)
Gravatá (O)
Gravataí (O) (Gra-va-ta-i)
Guaçuí (O) (Gua-çu-i)
Guamá (O)
Guanambi (O)
Guapiaçu (O)
Guarantá (O)
Guararapes (PAR)
Gurinhém (O)
Gurupa (PAR)
Gurupi (O)
Icanga (PAR)
Ibatiba (PAR)
Ibiaí (O) (I-bi-a-i)
Ibirajuba (PAR)
Ibitinga (PAR)
Iguaba (PAR) (~ Grande)
Iguape (PAR)
Inhacorá (O) (S. José do ~)
Inhaúma (PAR) (I-nha-u-ma)
Ipaba (PAR)
Ipixuna (PAR)
Irará (O)
Itacambira (PAR)
Itajaí (O) (... ja-i)
Itajubá (O)
Itapeva (PAR)
Itapevi (O)
Itaúna (PAR) (... ta-u...)
Itu (O)
Jacareacanga (PAR)
Jeceaba (PAR)
Jequitibá (O)
Jericó (O)
Joaíma (PAR) (Jo-a-i-ma)
Jucás (O)
Juiz (O) (~ de Fora)
Jundiá (O) (Jun-di-a)
Jundiaí (O) (... di-a-i)
Lângaro (PROP) (Vila ~)
Lençóis (O) (Paulistas)
Lindoia (PAR) (Lin-doi-a)
Macaé (O) (Ma-ca-e)
Macaparana (PAR)
Maracajá (O)
Maracaju (O)
Maricá (O)
Maringá (O)
Maruim (O) (Ma-ru-im)
Matipó (O)
Mauá (O) (Mau-a)
Mossoró (O)
Muriaé (O) (Mu-ri-a-e)
Naque (PAR)
Nonoai (O) (No-no-ai)
Nuporanga (PAR)
Óbidos (PROP)
Orobó (O)
Parecis (O) (Alto Alegre dos ~)
Pariquera-Açu (PAR/O)
Pauliceia (PAR) (Pau-li-cei-a)
Paulínia (PAR) (Pau-li-nia)
Peritiba (PAR)
Peruíbe (PAR) (Pe-ru-i-be)
Petrópolis (PROP)
Piancó (O)
Pindoba (PAR)
Pindobaçu (O)
Poá (O) (Po-a)
Pompeia (PAR) (Pom-pei-a)
Pompéu (O) (...-peu; "e" aberto)
Porciúncula (PROP)

Poxoréu (O) (... xo-reu; "e" aberto)
Propriá (O) (Pro-pri-a)
Quatá (O) (Qua-ta)
Quatis (O) (Quatis)
Poté (O)
Quitunde (PAR) (S. Luís do ~)
Quixaba (PAR)
Quixadá (O)
Régis (PAR) (Pedro ~)
Rifaina (PAR) (Ri-fai-na)
Rubiácea (PAR) (Ru-bi-a-cea)
Sabará (O)
Saloá (O) (Sa-lo-a)
Sanharó (O)
Sátiro (PROP) (~ Dias)
Satuba (PAR)
Satutaia (O) (... tai-a)
Saubara (PAR)
Seara (PAR)
Sengés (O)
Seropédica (PROP)
Sertânia (PAR) (Ser-ta-nia)
Sirinhaém (O) (Si-ri-nha-em)
Soure (PAR) (Nova ~)
Suaçuí (O) (Su-a-çu-i)
Sumaré (O)
Tabira (PAR)
Taió (O) (Tai-o)
Tapera (PAR) (S. João da ~)
Tarauacá (O) (Ta-rau-a-ca)
Távora (PROP) (Joaquim ~)
Toritama (PAR)
Tucunduva (PAR)
Tuiuti (O) (Tui-u-ti)
Tutoia (PAR) (Tu-toi-a)
Uná (O) (S. Bento do ~)
Uruará (O)
Utinga (PAR)
Xexéu (O) (... xeu; "e" aberto)
Xinguara (PAR)
Ubá (O)
Ubaí (O) (U-ba-i)
Ourém (O)

ANEXO 4

REVISÃO: TESTES DE MÚLTIPLA ESCOLHA

1. Considere as proposições I a V:

I. Todas as proparoxítonas são acentuadas, sem exceção.
II. Todas as paroxítonas terminadas em ditongo (de qualquer tipo) são acentuadas, mas há exceções.
III. Não se acentua nenhuma paroxítona terminada em "a", "e", "o" (seguidas ou não de "s"), "em" ou "ens".
IV. Não se acentuam oxítonas terminadas em "i(s)" ou "u(s)" (em nenhum caso).
V. Não se acentuam monossílabas átonas nem as monossílabas tônicas terminadas em "i(s)" ou "u(s)", sem exceção.

Está CORRETO o que se propõe:

A) em nenhuma das proposições.
B) nas proposições II e IV apenas.
C) nas proposições II, III e IV apenas.
D) nas proposições I, III e V apenas.
E) em todas as proposições.

2. Sabendo-se que as indicações entre parênteses estão corretas, não se deve acentuar a palavra:

A) umero (proparoxítona)
B) eden (paroxítona)
C) toteme (proparoxítona)
D) se (monossílaba tônica)
E) tabu (oxítona)

3. Todas as palavras devem ser acentuadas em:

A) Amapa, bone, pubis, urubu
B) escoces, saci, consul, amigdala
C) esquimo, pelvis, ziper, cirurgico
D) Jerusalem, caju, diametro, humus
E) Peru, pos, Florianopolis, incendio

4. Acentuam-se de acordo com a mesma regra:

A) tras – holandes – juri – apos
B) algebra – britanico – conjuge – epoca
C) harem – gratis – Helio – habitat
D) teiu – tatus – Paraiba – nodoa
E) aqui – tu – idem – itens

5. Acentuam-se ambas as palavras do par:

A) liquen – ritmo
B) ritmico – logaritmo
C) plancton – biquini
D) item – itens
E) eletrons – Coreia

6. Pela mesma regra que justifica o acento em "baú", acentua-se:

A) Piaui
B) abacaxi
C) aspecto
D) beriberi
E) Aracaju

7. O til não tem função de acento tônico em:

A) manhã
B) romã
C) rãs

D) afã
E) ímã

8. Todas as palavras a seguir mudam de sentido, conforme sejam acentuadas ou não, EXCETO:

A) agora
B) maio
C) carne
D) amem
E) irma

9. Todas as palavras seguintes são acentuadas, EXCETO em:

A) amendoa – begonia – crapula – diabetico
B) carie – diario – eclipse – esoterico
C) cutaneo – inercia – iberico – homonimo
D) informatica – ludico – molecula – gondola
E) hernia – idilio – lacteo – magnesio

10. Todas as palavras seguintes são acentuadas, sem exceção, EXCETO:

A) as paroxítonas terminadas em "a".
B) as paroxítonas terminadas em "ã".
C) as oxítonas terminadas por "em" ou "ens".
D) As paroxítonas terminadas em ditongo.
E) as proparoxítonas.

11. As palavras "mês", "canário" e "sinônimo" são acentuadas de acordo com as mesmas regras que justificam o acento, respectivamente, em:

A) pas – ictericia – gramatica
B) ves – bibliotecaria – saida
C) reu – homonimo – conteudo
D) vo – carie – virus
E) les – gravida – gratuito

12. As palavras seguintes mudam de classe gramatical, se receberem acento, EXCETO:

A) tem
B) por
C) fabrica
D) veiculo
E) silencio

13. Segue a mesma regra de acentuação de "Luís" a palavra:

A) saída
B) gêmeos
C) aliás
D) biquínis
E) lençóis

14. Com o Novo Acordo, perderam o acento ambas as palavras do par:

A) anzóis – heróico
B) pôde – pôr
C) geléia – crêem
D) pára – troféus
E) têm – vêm

15. Sabendo-se que as indicações entre parênteses estão corretas, há erro de acentuação em:

A) súmula (proparoxítona) – róseo (paroxítona) – pécten (paroxítona)
B) quadríceps (paroxítona) – orquídea (paroxítona) – aziago (paroxítona)
C) aquém (oxítona) – embolo (proparoxítona) – antiaéreo (paroxítona)
D) idem (paroxítona) – tu (monossílaba tônica) – javali (oxítona)
E) prímula (proparoxítona) – réprobo (proparoxítona) – urutu (oxítona)

16. Pela mesma regra que acentuamos a palavra "juízes", também acentuamos:

A) miudo
B) cafes

C) sairmos
D) sofas
E) raiz

17. Pela mesma regra que justifica o acento em "álcool", também se acentua:

A) facil
B) ritmo
C) istmo
D) lampada
E) bachareis

18. Par em que as palavras mudam de sentido, caso não acentuemos:

A) abstém – obtém
B) provêm – contêm
C) retêm – detêm
D) mantêm – intervêm
E) advêm – convêm

19. Ocorre erro em:

A) véuzinho
B) papeizinhos
C) paranoico
D) cruéis
E) avelãzeira

20. Dadas as palavras "iídiche", "graúlho", "cômputo" e "convém", considere as seguintes proposições:

I. O acento em "iídiche" está errado, pois não se acentuam hiatos formados por vogais iguais (i-i-di-che);
II. A variante de "graúlho", qual seja, "graúnha", também deve ser acentuada, em consonância com as regras do "i" e "u" em hiato (gra-ú-lho, gra-ú-nha);
III. "Cômputo" muda de classe gramatical, se lhe retiramos o acento: "computo";
IV. "Convém" também pode receber acento circunflexo: "convêm".

Está CORRETO o que se diz:

A) em todas as proposições.
B) apenas nas proposições II e IV.
C) apenas na proposição II.
D) apenas nas proposições III e IV.
E) em nenhuma das proposições.

21. Há erro em:

A) releem
B) abençoe
C) garôa
D) bilíngue
E) amaldiçoo

22. Qual das palavras seguintes tem acento justificado por duas regras diferentes?

A) caía
B) barbárie
C) ínterim
D) sabiá
E) íeis

23. Palavra correta:

A) récorde
B) amendoím
C) íbero
D) misântropo
E) rubrica

24. Sabendo-se que as palavras seguintes são paroxítonas, somente não se acentua:

A) ciclamens
B) dandi

C) ficus
D) abu
E) amareis

25. Sobre a grafia da palavra "orgão", assinale a alternativa correta:

A) possui dois acentos gráficos, correspondendo ambos a acentos tônicos.
B) não se acentua, pois é paroxítona terminada em "o".
C) acentua-se, pois termina em ditongo decrescente.
D) é oxítona, pois recebe til sobre a vogal "a".
E) não se acentua, pois termina em ditongo crescente.

26. Recebe acento facultativo:

A) mas
B) tem
C) forma
D) pode
E) por

27. Palavra correta:

A) talvêz
B) Rodriguês
C) pônei
D) melância
E) desdêem

28. Ocorre erro em:

A) mobílio
B) águam
C) averigúo
D) éreis
E) averiguemos

29. Par em que as palavras são acentuadas em função da mesma regra:

A) niveo – ciencia
B) es – reu
C) armazem – chapeu
D) jesuita – rigido
E) politeista – grafica

30. Todas as palavras estão incorretas, EXCETO:

A) substântivo
B) matemáticamente
C) espontâneamente
D) geografía
E) informática

31. Todas as palavras admitem dupla prosódia, EXCETO em:

A) necropsia/necrópsia – alopecia/alopécia – acrobata/acróbata
B) homilia/homília – soror/sóror – xerox/xérox
C) hieroglifo/hieróglifo – bramane/brâmane – Oceania/Oceânia
D) azaleia/azálea – reptil/réptil – ortoepia/ortoépia
E) autopsia/autópsia – safari/safári – crisantemo/crisântemo

32. Só não ocorre "silabada" (erro de prosódia) em:

A) ágape
B) púdico
C) ávaro
D) íbero
E) Nóbel

33. Ocorrem proparoxítonas em todas as alternativas, EXCETO:

A) arquétipo, ínterim, périplo, têxtil
B) aerólito, ágape, autóctone, amálgama
C) ímprobo, etíope, zênite, pólipo
D) protótipo, biótipo, abóbada, âmago
E) trânsfuga, brâmane, quadrúmano, apóstata

34. Todas as monossílabas são exclusivamente átonas em:

A) os, lhe(s), nem
B) do, me, um
C) num, tu, ou
D) sem, sob, no
E) se, e, sem

35. Ocorrem palavras oxítona, paroxítona e proparoxítona, respectivamente, em:

A) novel, azafama, obolo
B) virus, autoctone, inaudito
C) mister, opimo, aziago
D) recem, rubrica, pleiade
E) reptil, anodino, pudico

36. Todas as palavras estão corretas, EXCETO:

A) catéter
B) ureter
C) acróbata
D) nefelibata
E) projetil

37. Todas as palavras estão incorretas, EXCETO na alternativa:

A) aquí – feiúra – tú – vêem
B) côco – hifens – azúis – talvêz
C) constróem – eclípse – repôr – compôr
D) rúbrica – rítmo – ítem – idéia
E) flôres – gratuíto – sêde – flôr

38. Considerando-se que as indicações entre parênteses estão corretas, aponte o nome de cidade que deve ser acentuado:

A) Aracatu (oxítona)
B) Florida (paroxítona)

C) Itapevi (oxítona)
D) Propria (oxítona)
E) Quixaba (paroxítona)

39. Todas as palavras seguintes contêm hiato; não se acentua, portanto:

A) saudo (a-u)
B) caraiba (a-i)
C) Luisa (u-i)
D) ciume (i-u)
E) bocaiuva (ai-u)

40. Atentando para a sílaba tônica em destaque, assinale a alternativa em que todas as palavras devem ser acentuadas:

A) cauboi – bisturi – polen – ama-lo
B) res –propos – Caxambu – juri
C) cres – conves – aquem – miosotis
D) contem – saissem – raizes – raiz
E) liquens – liquen – bretema – acem

41. Todas as palavras podem ocorrer com ou sem acento, EXCETO na alternativa:

A) deposito – desanimo – digito – divida – embolo
B) fabrica – fervido – hesito – tremula – habito
C) incomodo – indico – liquido – medico – numero
D) opera – orbita – pratica – rotulo – tempera
E) trafego – transito – triangulo – ultimo – vomito

42. Dado que as sílabas tônicas estão destacadas, assinale a alternativa em que todas as palavras estão INCORRETAS:

A) birô – nenúfar – gávea – sequoia
B) lendea – vitreo – médium – mórmons
C) filho – sóis – chapéus – cântaro
D) mares – civel – gérmens – manto
E) cáqui – bistro – nailon – látex

43. "Não sei ___ eles não ___ às aulas, mas procurarei descobrir o ___."

A) por que – vêm – porquê
B) porque – vem – por quê
C) porquê – vem – por que
D) por quê – vêm – porque

44. "O professor ___ muitos motivos para ___, mas não sei ___."

A) têm – advertí-lo – porquê
B) tem – adverti-lo – por que
C) têm – adverti-lo – porque
D) têm – advertí-lo – por quê
E) tem – adverti-lo – por quê

45. Considerando-se que as palavras estão corretamente divididas e que suas sílabas tônicas estão destacadas corretamente, assinale a alternativa em que há erro:

A) bobó (bo-bó) – ubíquo (u-bí-quo) – cátodo (cá-to-do) – farisaísmo (fa-ri-sa-ís-mo)
B) pulover (pu-lo-ver) – récua (ré-cua) – atóis (a-tóis) – córnea (cór-nea)
C) congênere (cong-gê-ne-re) – tarô (ta-rô) – alaúde (a-la-ú-de) – dispneia (disp-nei-a)
D) âmbito (âm-bi-to) – arquétipo (ar-qué-ti-po) – factível (fac-tí-vel) – pôquer (pô-quer)
E) tônus (tô-nus) – ázimo (á-zi-mo) – fogaréu (fo-ga-réu) – gávea (gá-ve-a)

46. A mesma regra que justifica o acento em "lúpus" também justifica o acento de:

A) tatus
B) aqui
C) glutens
D) carter
E) viris

47. Com o Novo Acordo, perderam o acento as palavras seguintes, EXCETO:

A) protéico
B) paranóico
C) feiúra
D) pôde
E) zôo

48. Todas as palavras são acentuadas, sem exceção, quando:

A) são oxítonas terminadas em "i" ou "u", seguidos ou não de "s".
B) são paroxítonas terminadas por "em" ou "ens".
C) são paroxítonas terminadas em ditongo, de qualquer tipo.
D) "i" ou "u" ocorrem em hiato, formando sílaba sozinhos.
E) são monossílabas tônicas, para diferenciá-las das átonas.

49. Assinale a alternativa em que todas as palavras devem ser acentuadas:

A) sotão – inepcia – coo – brocolis
B) quadriceps – parvoice – abdomens – lendea
C) torax – triceps – araucaria – urutu
D) ti – reu – increu – beduino
E) fenix – parcimonia – cuprico – consul

50. Acentuam-se, de acordo com a mesma regra, todas as palavras da alternativa:

A) jatobá – metrô – parabéns – ninguém
B) má – más – tú – sí
C) moréia – estóico – heróico – idéia
D) hífen – hífens – ítem – ítens
E) jesuíta – babuíno – graúdo – taínha

RESPOSTAS

1. D

COMENTÁRIO(S):

> II. Não há exceções: todas as paroxítonas terminadas em ditongo (de qualquer tipo) são acentuadas.
> III. Note-se que essas são as terminações que preveem acento nas oxítonas (“fubá(s)”, “café(s)”, “vovô”, “vovó”, “também”, “parabéns”).
> IV. Se essas vogais formarem hiato, o acento é obrigatório, mas nunca ocorre se vierem precedidas de consoante; confrontem-se: “saí”, “baú(s)” (sa-í; ba-ú[s]) e “saci(s)”, “tatu(s)” (sa-*ci*; ta-*tu*[s]).

2. E: “Tabu”: não se acentuam oxítonas terminadas em “i(s)” ou “u(s)”, a menos que essas vogais formem hiato (ta-*bu*).

COMENTÁRIO(S):

> A – “Úmero”: todas as proparoxítonas devem ser acentuadas (ú-me-ro);
> B – “éden”: acentuam-se as paroxítonas terminadas por “en” (e-d*en*), mas não as terminadas por “ens” (e-d*ens*);
> C – “tóteme”: acentuam-se todas as proparoxítonas (tó-te-me) (grafia mais comum: “totem”, paroxítona: to-t*em*);
> D – “sê”: acentuam-se as monossílabas tônicas terminadas em “a(s)”, “e(s)”, “o(s)” (nota: trata-se do verbo “ser”, segunda pessoa do singular, imperativo afirmativo: “sê tu”, “seja(m) você(s)”, “sejamos nós”), etc.

3. C) “Esquimó” (es-qui-mó): acentuam-se as oxítonas terminadas em “a(s)”, “e(s)”, “o(s)”, “em” ou “ens”; “pélvis” (pél-v*is*): acentuam-se as paroxítonas terminadas em “i(s)”; “zíper” (zí-pe*r*): acentuam-se as paroxítonas com terminações diferentes de “a(s)”, “e(s)”, “o(s)”, “em” ou “ens”, pois essas terminações já preveem acento nas oxítonas; “cirúrgico” (ci-rúr-gi-co): acentuam-se todas as proparoxítonas, sem exceção.

COMENTÁRIO(S):

A – "Amapá", "boné" e "urubu" (A-ma-pá, bo-né, u-ru-*bu*): vide regra das oxítonas; "púbis": acentuam-se paroxítonas com terminações diferentes de "a(s)", "e(s)", "o(s)", "em" ou "ens", pois essas terminações já preveem acento nas oxítonas (pú-b*is*);
B – "escocês" e "saci": regra das oxítonas (es-co-cês, sa-*ci*); "cônsul": acentuam-se paroxítonas com terminações diferentes de "a(s)", "e(s)", "o(s)", "em" ou "ens", pois essas terminações já preveem acento nas oxítonas (côn-su*l*); "amígdala": regra das proparoxítonas (a-míg-da-la);
D – "Jerusalém" e "caju": regra das oxítonas (Je-ru-sa-lém, ca-*ju*); "diâmetro": proparoxítona (di-â-me-tro); "húmus": acentuam-se paroxítonas com terminações diferentes de "a(s)", "e(s)", "o(s)", "em" ou "ens", pois essas terminações já preveem acento nas oxítonas (hú-m*us*);
E – "Peru": regra das oxítonas (Pe-*ru*); "pós/pôs": das monossílabas tônicas (pó[s]", "pôs"); "Florianópolis": proparoxítona (Flo-ri-a-nó-po-lis); "incêndio": paroxítona terminada em ditongo, de qualquer tipo, acentuam-se todas (in-cên-d*io*). (Nota: trata-se do substantivo "incêndio" ["o incêndio"], não do verbo, cuja conjugação é: "eu incend*eio*", "tu incend*eias*", "ele incend*eia*..."), etc.

4. B) Todas as proparoxítonas são acentuadas (ál-ge-bra, bri-tâ-ni-co, côn-ju-ge, é-po-ca).

COMENTÁRIO(S):

A – "Trás": regra das monossílabas tônicas (trás); "holandês" e "após": regra das oxítonas (ho-lan-dês, a-pós); "júri": paroxítona (jú-r*i*);
C – "harém": oxítona (ha-rém), "grátis" e "Hélio": paroxítonas (grá-t*is*, Hé-l*io*); "hábitat": proparoxítona (há-bi-tat);
D – "teiú": regra das oxítonas (tei-ú) (não se acentuam as terminadas em "u", a menos que formem hiato; note-se ainda que, apesar do ditongo decrescente "ei", o acento é mantido, por se tratar de oxítona); "tatu": oxítona (ta-*tu*); "Paraíba": regra do "i" ou "u" em hiato (Pa-ra-í-ba); "nódoa": paroxítona terminada em ditongo (nó-d*oa*) ou proparoxítona eventual (nó-do-a);

E – "aqui": não se acentuam oxítonas terminadas em "i(s)" ou "u(s)", a menos que essas vogais formem hiato (a-qui); "tu": não se acentuam monossílabas tônicas terminadas em "i(s)" ou "u(s)" (tu); "item" e "itens": não se acentuam paroxítonas terminadas por "em" ou "ens", pois essas terminações já preveem acento nas oxítonas (i-tem, i-tens).

5. C) "Plâncton" e "biquíni" (paroxítonas): acentuam-se as não terminadas pelas vogais "a", "e", "o", seguidas ou não de "s", "em" e "ens" (plânc-ton, bi-qui-ni), por oposição às oxítonas.

COMENTÁRIO(S):

A – "Líquen": acentuam-se as paroxítonas terminadas por "en" (mas não as terminadas por "em", pois essa terminação recebe acento nas oxítonas) (lí-quen); "ritmo": não se acentuam as paroxítonas terminadas com as vogais "a", "e", "o", seguidas ou não de "s", pois essas terminações já preveem acento nas oxítonas (rit-mo);
B – "rítmico": acentuam-se todas as proparoxítonas (rít-mi-co); "logaritmo": mesmo comentário válido para "ritmo" (lo-ga-rit-mo);
D – "elétrons": acentuam-se as paroxítonas com terminação diferente de "a(s)", "e(s)", "o(s)", "em", "ens", pois tais terminações já preveem acento nas oxítonas (e-lé-trons).

6. A) "Baú": regra do "i"ou "u" em hiato (ba-ú). A regra dos hiatos nos diz que, se eles vierem precedidos de ditongo decrescente ("Pi-au-í"), não ocorre o acento; porém, por se tratar de uma oxítona, desconsidera-se essa proibição.

COMENTÁRIO(S):

B – "Abacaxi": não se acentuam as oxítonas terminadas em "i(s)" ou "u(s)" quando essas vogais vêm precedidas de consoante (a-ba-ca-xi), ou, como já dissemos anteriormente, não se acentuam, a menos que essas vogais formam hiato;
C – "aspecto": não se acentuam paroxítonas terminadas em "a(s)", "e(s)", "o(s)", pois essas terminações já preveem acento nas oxítonas (as-pec-to);
D – "beribéri": por oposição às oxítonas (vide a justificativa para "abacaxi" acima), acentuam-se as paroxítonas terminadas em "i(s)" ou "u(s)" (be-ri-bé-ri).

7. E) "Ímã": acentuam-se as paroxítonas terminadas em "ã(s)" (as terminadas em "a[s]", não). Quando ocorre outro acento na palavra, o til tem como função apenas indicar a nasalização da vogal (í-mã).

COMENTÁRIO(S):

Em "manhã", "romã" e "afã", todas oxítonas, e em "rãs" (monossílaba tônica), o til acumula a função de índice de nasalização e acento tônico (ma-nhã, ro-mã, a-fã, rã[s]").

8. E) "Irmã": acentuam-se as oxítonas terminadas em "ã(s)" (no caso, o til acumula a função de índice de nasalização e acento tônico) (ir-mã).

COMENTÁRIO(S):

A – "Ágora": proparoxítona (á-go-ra), designa uma praça pública (note-se a palavra "agorafobia"); "agora": paroxítona (a-go-*ra*), advérbio de tempo;
B – "maio": paroxítona (mai-*o*), designa o mês do ano; "maiô": oxítona (mai-ô), vestimenta;
C – "carne": paroxítona (car-*ne*); "carnê": oxítona (car-nê), espécie de talão;
D – "amem": paroxítona (a-m*em*), do verbo "amar"; "amém": oxítona (a-mém), interjeição.

9. B) "Eclipse": não se acentuam paroxítonas terminadas em "e(s)", pois essa terminação já prevê acento nas oxítonas (e-clip-*se*); "cárie" e "diário": regra das paroxítonas terminadas em ditongo ou proparoxítonas eventuais (cá-r*ie*, cá-ri-e, di-á-r*io*, di-á-ri-o); "esotérico": regra das proparoxítonas (e-so-té-ri-co).

COMENTÁRIO(S):

A – "Amêndoa" e "begônia": regra das paroxítonas terminadas em ditongo (a-mên-d*oa*, be-gô-n*ia*) ou proparoxítonas eventuais (a-mên-do-a, be-gô-ni-a); "crápula" e "diabético": regra das proparoxítonas (crá-pu-la, di-a-bé-ti-co);

C – "cutâneo" e "inércia": como na alternativa anterior (cu-tâ-*neo* ou cu-tâ-ne-o, i-nér-*cia* ou i-nér-ci-a); "ibérico" e "homônimo": proparoxítonas (i-bé-ri-co, ho-mô-ni-mo);
D – todas são proparoxítonas (in-for-má-ti-ca, lú-di-co, mo-lé-cu-la, fa-rân-do-la);
E – todas são paroxítonas terminadas em ditongo (hér-*nia*, i-dí-*lio*, lác-*teo*, mag-né-*sio*) ou proparoxítonas eventuais (hér-ni-a, i-dí-li-o, lác-te-o, mag-né-si-o).

10. A) Não se acentuam as paroxítonas terminadas em "a(s)", pois essa terminação já prevê acento nas oxítonas (observação: a maioria das palavras paroxítonas não é acentuada).

COMENTÁRIO(S) (exemplos):

B – í-mã, dól-mã, Bál-cã(s) (esta última admite dupla prosódia: "Balcãs", oxítona: Bal-cãs);
C – a-lém, al-guém, pa-ra-béns, ar-ma-zéns;
D – ci-ên-*cia*, di-á-*rio*, i-dô-*neo*;
E – ár-vo-re, gra-má-tica, lâm-pa-da, etc.

11. A) "Mês" e "pás": acentuam-se as monossílabas tônicas terminadas em "a(s)", "e(s)" ou "o(s)" (mês, pás); "canário" e "icterícia": acentuam-se as paroxítonas terminadas em ditongo, de qualquer tipo (ca-ná-*rio*, ic-te-rí-*cia*) ou proparoxítonas eventuais (ca-ná-ri-o, ic-te-rí-ci-a); "sinônimo" e "gramática": acentuam-se todas as proparoxítonas, sem exceção (si-nô-ni-mo, gra-má-ti-ca).

COMENTÁRIO(S):

B – "Vês": regra das monossílabas tônicas ("eu vejo", "tu vês"... etc.) (vês); "bibliotecária": das paroxítonas terminadas em ditongo (bi-bli-o-te-cá-*ria*) ou proparoxítonas eventuais (bi-bli-o-te-cá-ri-a); "saída": regra do "i" ou "u" em hiato (sa-í-da);
C – "réu": regra dos ditongos abertos "éi", "ói" e "éu" (o último deles não sofreu nenhuma alteração com o Novo Acordo) (réu); "homônimo": proparoxítona (ho-mô-ni-mo); "conteúdo": "i" ou "u" em hiato (con-te-ú-do);

D – "vô" (ou "vó"): regra as monossílabas tônicas (vô[s] / vó[s]); "cárie": regra das paroxítonas terminadas em ditongo (cá-*rie*) ou proparoxítonas eventuais (cá-ri-e); "vírus": regra das paroxítonas (acentuam-se as não terminadas em "a(s)", "e(s)", "o(s)", "em", "ens", pois essas terminações já preveem acento nas oxítonas) (vi-r*us*);
E – "lês": regra das monossílabas tônicas ("eu leio", "tu lês", "ele lê", etc...) (lês); "grávida": proparoxítona (grá-vi-da); "gratuito" (e não: "gratúito" nem "gratuíto"): não se acentua a base dos ditongos "ui" ou "iu" (gra-t*ui*-to).

12. A) "Tem": (verbo) recebe acento diferencial na terceira pessoa do plural: "ele tem / eles têm", mas permanece verbo.

COMENTÁRIO(S):

B – "Por": preposição (monossílaba átona) e "pôr" (verbo, monossílaba tônica), acento diferencial;
C – "fabrica": verbo, paroxítona ("eu fa-bri-c*o*", "tu fa-bri-c*as*", "ele fa-bri-c*a*", etc.); " (a) fábrica": substantivo, proparoxítona (fá-bri-ca);
D – "veiculo": verbo, paroxítona ("eu ve-i-cu-l*o*", "tu ve-i-cu-l*as*"... etc.); "(o) veículo": substantivo, proparoxítona (ve-í-cu-lo);
E – "silencio": verbo, paroxítona ("eu si-len-ci-*o*", "tu si-len-ci-*as*"... etc.); "(o) silêncio": substantivo, paroxítona terminada em ditongo (si-lên-c*io*) (ou proparoxítona eventual: si-lên-ci-o).

13. A) "Saída": regra do "i" ou "u" em hiato (são acentuados quando formam sílaba sozinhos ou com "s" [Lu-ís], e desde que não venham seguidos de "nh" nem precedidos por ditongo decrescente [sa-í-da]).

COMENTÁRIO(S):

B – "Gêmeos": regra das paroxítonas terminadas em ditongo, seguido ou não de "s" (gê-m*eo*[s]), ou das proparoxítonas eventuais (gê-me-o[s]).
C – "aliás": regra das oxítonas (acentuam-se as terminadas em "a(s)", "e(s)", "o(s)", "em", "ens") (a-li-ás);
D – "biquínis": paroxítona (bi-quí-ni[s]);
E – "lençóis": regra dos ditongos abertos "éi", "ói" e "éu" (len-çóis).

Nota adicional: apesar de ambas as palavras, "Luís" e "aliás", conterem hiato (Lu-ís, a-li-ás), "i" e "u" em hiato são regras tratadas separadamente das oxítonas (a terminação "as", de "aliás", prevê acento nas oxítonas, já "i(s)" não, a menos que ocorra hiato, ou seja, trata-se de um caso particular), daí não ser possível a alternativa C.

14. C) "Geleia": aboliu-se o acento nos ditongos abertos "éi" e "ói", somente nas palavras paroxítonas (ge-*lei*-a); "creem": aboliu-se o acento nos hiatos "ee" e "oo", em todos os casos (ve-*em*, vo-*o*, en-jo-*o*, etc.). Note-se que, no último caso, a eliminação dos referidos acentos se encaixa nas regras já previstas para as paroxítonas.

COMENTÁRIO(S):

A – "Anzóis": o acento se mantém nos referidos ditongos nos demais casos (an-zóis, oxítona); "heroico": mesma justificativa de "geleia" (he-*roi*-co) (note-se que o acento em "herói" permanece, pois trata-se de uma oxítona: he-rói);
B – "pôde" e "pôr": são acentos diferenciais ainda mantidos ("pôde", pretérito perfeito, "pode", presente do indicativo), "pôr" (verbo) e "por" (preposição);
D – "para" (verbo "parar"): a flexão verbal "para" não recebe mais acento diferencial; "troféus": aboliu-se o acento apenas nos ditongos abertos "éi" e "ói" (no caso de "éu", o acento permanece inalterado, em qualquer caso) (tro-féu[s]);
E – "têm" e "vêm": são acentos diferenciais também mantidos: "ele tem / eles têm", "ele vem / eles vêm".

15. C) "Êmbolo" (tipo de pistão): acentuam-se todas as proparoxítonas, sem exceção (êm-bo-lo) (todas as demais palavras da questão estão corretas); atente-se nas sílabas tônicas (sublinhadas) e/ou terminações (em itálico):

COMENTÁRIO(S):

A – sú-mu-la, ró-*seo* (ou: ró-se-o), péc-t*en*;
B – qua-drí-ce*ps*, or-quí-d*ea* (ou: or-quí-de-a), a-zi-a-g*o*;
C – a-quém, êm-bo-lo, an-ti-a-é-*reo* (ou: a-é-re-o);
D – i-d*em*, t*u*, ja-va-*li*;
E – prí-mu-la, ré-pro-bo, u-ru-*tu*.

16. A) "Juízes" e "miúdo": regra do "i" ou "u" em hiato, acentuados quando formam sílaba sozinhos ou com "s", e desde que não venham seguidos de "nh" nem precedidos de ditongo decrescente (ju-í-zes, mi-ú-do).

COMENTÁRIO(S):

B – "Café": regra das oxítonas (acentuam-se as terminadas em "a(s)", "e(s)", "o(s)", "em" ou "ens"); as terminadas em "i(s)" ou "u(s)" não se acentuam, a menos que essas vogais formem hiato (ca-fé);
C – "sairmos": regra do "i" ou "u" em hiato (quando formam sílaba com letra diferente de "s", não são acentuados: sa-i*r*-mos);
D – "sofás": mesma justificativa para "café" (vide acima) (so-fá[s]);
E – "raiz": mesma justificativa válida para "sairmos" (vide acima) (ra-i*z*; mas: ra-í-zes).

17. D) "Álcool" e "lâmpada": acentuam-se todas as proparoxítonas, sem exceção (ál-co-ol, lâm-pa-da).

COMENTÁRIO(S):

A – "Fácil": regra das paroxítonas (fá-ci*l*);
B – "ritmo": idem (rit-m*o*) (sem acento);
C – "istmo": ibidem (ist-m*o*) (igualmente sem acento);
E – "bacharéis": ditongos abertos "éi", "ói", "éu" (ba-cha-réis).

18. B) "Provêm" e "contêm": flexões dos verbos "provir" e "conter", tornam-se formas dos verbos "provar" ("Provem este sabor!") e "contar" ("Não contem nada sobre o ocorrido.") (relembrando: na terceira pessoa do singular, o acento é agudo: "ele provém / contém").

COMENTÁRIO(S):

As demais palavras são flexões dos verbos "abster", "obter", "reter", "deter", "manter", "intervir" e "convir" (todos podem receber o acento agudo ou circunflexo, conforme o sujeito da oração esteja no singular ou no plural).

19. A) "Veuzinho": o acento de "véu" (ditongo aberto) não o justifica em "veuzinho", pois a sílaba tônica dessa palavra é "zi" (*veu*-zi-nho). Embora óbvio, cabe ressaltar que o acento gráfico só pode recair sobre a sílaba tônica.

COMENTÁRIO(S):

B – "Papeizinhos": ditongo aberto "éi" sem acento, pois a sílaba tônica é "zi" (pa-p*ei*-zi-nhos);
C – "heroico": os ditongos abertos "éi" e "ói" perderam o acento nas paroxítonas, com o Novo Acordo (he-r*oi*-co; mas: "herói", oxítona);
D – "cruéis": como é oxítona, o acento está correto (cru-éis);
E – "avelãzeira": a sílaba tônica é "zei"; neste caso, o til cumpre apenas a função de assinalar a nasalização da vogal "a" (e não a de indicar sílaba tônica); note-se, entretanto, que em "avelã" acumula as funções de acento gráfico e indicador de nasalização, pois está sobre a sílaba tônica (a-ve-lã).

20. D

COMENTÁRIO(S):

I. (E) De fato não se acentuam hiatos formados por vogais iguais, porém, como "iídiche" é proparoxítona, o acento se torna obrigatório (i-í-di-che);
II. (E) não se acentuam "i" ou "u" em hiato quando essas vogais vêm seguidas de "nh" (ra-i-nha, ta-i-nha, ca-no-i-nha, gra-u-nha, etc.);
III. (C) "cômputo" é substantivo ("o cômputo"), enquanto "computo" é verbo ("eu computo", "tu computas", "ele computa"... etc.) (note-se a evidente cacofonia);
IV. (C) verbos derivados de "ter" e "vir" recebem acento agudo na terceira pessoa do singular e circunflexo na terceira do plural ("ele con*vém*" / "eles con*vêm*").

21. C) "Garoa": não se acentuam paroxítonas terminadas em "a(s)", pois essa terminação já prevê acento nas oxítonas (ga-ro-*a*). O acento errôneo se deve, provavelmente, a falsa associação com os acentos em palavras como "enjôo", "perdôo", "enjôo", etc. (todos abolidos com o Novo Acordo).

COMENTÁRIO(S):

A – "Releem": não se acentuam mais os hiatos "ee" e "oo", em nenhum caso (re-le-*em*);
B – "abençoe": mesmo comentário válido para "garoa" (a-ben-ço-*e*);
D – "bilíngue": acentuam-se as paroxítonas terminadas em ditongo, seguido ou não de "s", de qualquer tipo; note-se, ainda, que o trema foi abolido (bi-lín-*gue*);
E – "amaldiçoo": mesma justificativa válida para "releem" (vide acima) (a-mal-di-ço-*o*).

22. B) "Barbárie": acentuam-se as paroxítonas terminadas em ditongo (de qualquer tipo), seguido ou não de "s" (bar-bá-*rie*), ou: acentuam-se as proparoxítonas eventuais (bar-bá-ri-e).

COMENTÁRIO(S):

A – "Caía": regra dos hiatos "i" e "u" (ca-í-a); cf.: "caia" (c*ai*-a);
C – "ínterim": regra das proparoxítonas (ín-te-rim);
D – "sabiá": regra das oxítonas terminadas em "a(s)" (sa-bi-á); cf.: "sábia" (sá-b*ia*) e "sabia" ("saber") (sa-bi-*a*);
E – " íeis": regra das paroxítonas terminadas em ditongo ("eu ia", "tu ias"... "vós íeis", "eles iam") (í-*ei*s).

23. E) "Rubrica": rigorosamente, na norma culta, é paroxítona (ru-bri-c*a*).

COMENTÁRIO(S):

A – "Recorde": a rigor, na norma culta, é palavra paroxítona (re-cor-d*e*); a pronúncia como proparoxítona (ré-cor-de) se dá por falsa associação com o inglês (*record*), mas ainda não está consignada na gramática normativa ou nos dicionários;
B – "amendoim": não se acentuam "i" ou "u" em hiato quando essas vogais formam sílaba com letra diferente de "s" (a-men-do-*im*);
C – "ibero": a rigor, é paroxítona (i-be-r*o*); não fazer associação com a proparoxítona "ibérico", na qual o acento é plenamente justificado (i-bé-ri-co) (proparoxítona);

D – "misantropo": trata-se de uma paroxítona, cuja sílaba tônica é "tro", e não "san" (mi-san-tro-p*o*).

24. A) "Ciclamens": não se acentuam paroxítonas terminadas por "em" ou "ens", pois essas terminações já preveem acento nas oxítonas (ci-cla-m*ens*).

COMENTÁRIO(S):

B – "Dândi": acentuam-se as paroxítonas terminadas em "i(s)" ou "u(s)", por oposição às oxítonas com essas mesmas terminações, que não são acentuadas quando precedidas de consoante, mas o são se formam hiato (dân-d*i*);
C – "fícus": mesma justificativa válida para "dândi" (fí-c*us*);
D – "ábu": ainda a mesma justificativa (á-b*u*);
E – "amáreis": acentuam-se as paroxítonas terminadas em ditongo, de qualquer tipo, seguido ou não de "s" (a-má-r*ei*s) (pretérito mais-que-perfeito); note-se que, sem o acento, torna-se futuro do presente do indicativo: "eu amarei", "tu amarás", "ele amará", "vós amareis" (a-ma-reis) (oxítona).

25. C) "Órgão": acentuam-se as paroxítonas terminadas em ditongo (de qualquer tipo) (ór-gão).

COMENTÁRIO(S):

A – O til só é considerado acento gráfico quando ocorre sozinho em uma palavra; além disso, nenhuma palavra contém mais de um acento tônico (ou seja, sílaba tônica);
B – na verdade, a terminação encerra um ditongo ("*ão*");
D – o til, nesta palavra, é mero índice de nasalização da vogal.

26. C) "Fôrma", no sentido de "molde", pode receber o acento de timbre fechado, para se diferenciar, por exemplo, do verbo "formar": "eu formo", "tu formas", "ele forma" ("ó"). Note-se, entretanto, que a acentuação da referida palavra não parece ser uma tendência que esteja se firmando no português brasileiro.

COMENTÁRIO(S):

A – "Más": com acento, é monossílaba tônica terminada em "a(s)", feminino de "maus" (más), porém não se trata de acento diferencial e é obrigatório;
B – "têm": acento diferencial (obrigatório) de terceira pessoa do plural: "ele tem / eles têm";
D – "pôde": é acento diferencial (obrigatório) indicando pretérito perfeito ("pode", sem acento, está no presente do indicativo);
E – "pôr": trata-se do verbo; a preposição é monossílaba átona (portanto, sem acento).

27. C) "Pônei": paroxítona terminada em ditongo (pô-n*ei*).

COMENTÁRIO(S):

A – "Talvez": acentuam-se as oxítonas terminadas em "ê(s)" (em "ez", nunca);
B – "Rodrigues": não se acentuam paroxítonas terminadas em "e(s)" (Ro-dri-gu*es*), pois essa terminação já prevê acento nas oxítonas;
D – "melancia": não se acentuam paroxítonas terminadas em "a(s)", pois essa terminação também já prevê acento nas oxítonas (me-lan-ci-*a*);
E – "desdeem": não se acentuam mais a primeira vogal dos hiatos "ee" e "oo" (des-de-*em*) (cf.: "desdém").

28. C) "Averiguo": admite dupla prosódia: "averíguo", paroxítona terminada em ditongo (a-ve-rí-g*uo*), porém é forma desaconselhada, e "averiguo" (a-ve-ri-gu-*o*) ("ú") (opção mais "aceita"). Ambas as formas estão de acordo com as normas vigentes.

COMENTÁRIO(S):

A – "Mobílio": paroxítona terminada em ditongo (mo-bí-l*io*); também se admite a grafia "mobilhar";
B – "águam": paroxítona terminada em "guam" (á-*guam*) (sem acento no primeiro "a", o "u" poderia ser tônico, "agúam");
D – "éreis": paroxítona terminada em ditongo (é-r*eis*) (de: "eu era", "tu eras"... "vós éreis");

E – "averiguemos": sem trema ("ü"), pois foi abolido em todos os casos, permanecendo apenas em certos nomes de origem de origem estrangeira (a-ve-ri-*gue*-mos).

29. A) "Níveo" e "ciência": acentuam-se as paroxítonas terminadas em ditongo, de qualquer tipo (ní-*veo*, ci-ên-*cia*); também se podem justificar os acentos como proparoxítonas eventuais (ní-ve-o, ci-ên-ci-a).

COMENTÁRIO(S):

B – "És": regra das monossílabas tônicas ("eu sou", "tu és"... etc.); "réu": dos ditongos abertos;
C – "armazém": oxítona (ar-ma-zém); "chapéu": ditongo aberto (cha-péu);
D – "jesuíta": "i" em hiato (je-su-í-ta); "rígido": proparoxítona (rí-gi-do);
E – "politeísta" e "gráfica": mesmas regras da alternativa anterior (po-li-te-ís-ta, grá-fi-ca).

30. E) "Informática": acentuam-se todas as proparoxítonas, sem exceção (in-for-má-ti-ca).

COMENTÁRIO(S):

A – "Substantivo": a sílaba tônica é "ti" (paroxítona), portanto o acento é totalmente descabido (subs-tan-ti-v*o*) (relembrando: não se acentuam paroxítonas terminadas em "o(s)", pois essa terminação já prevê acento nas oxítonas);
B – "matematicamente": a sílaba tônica é "men" (ma-te-ma-ti-ca-men-t*e*); o acento é mantido, indevidamente, por falsa associação com o acento de "matemática" (proparoxítona: ma-te-má-ti-ca);
C – "espontaneamente": como na alternativa anterior, a sílaba tônica é "men"; o acento é mantido, indevidamente, por falsa associação com "espontâneo", paroxítona terminada em ditongo (es-pon-tâ-n*eo*);
D – "geografia": não se acentuam paroxítonas terminadas em "a(s)", pois essa terminação já prevê acento nas oxítonas (ge-o-gra-fi-*a*).

31. C) "Brâmane": é apenas proparoxítona (brâ-ma-ne).

COMENTÁRIO(S):

A – Alguns autores insistem em que a única forma correta é "necropsia" (sílaba tônica em "si", ne-crop-si-*a*), porém não há razão para insistir nessa imposição; "alopécia" tem se tornado uso cada vez mais generalizado (a-lo-pé-c*ia*);
B – "Homilia" (ho-mi-li-*a*) é forma mais comum que "homília" (ho-mí-l*ia*);
C – "Oceania" (O-ce-a-ni-*a*) é mais comum que "Oceânia" (O-ce-â-n*ia*);
D – Formas mais comuns: "azaleia" (a-za-l*ei*-a) ("é") e "réptil" (rép-ti*l*);
E – Formas mais comuns: "autópsia" (au-tóp-s*ia*), "safári" (sa-fá-r*i*) e "crisântemo" (cri-sân-te-mo).

32. A) "Ágape": é palavra proparoxítona, daí o acento obrigatório (á-ga-pe).

COMENTÁRIO(S) (correções):

B – "Pudico": paroxítona (pu-di-c*o*);
C – "avaro": paroxítona (a-va-r*o*);
D – "ibero": também paroxítona (i-be-r*o*) (mas: "ibérico");
E – "Nobel": oxítona (No-bel).

33. A) A palavra "têxtil" é paroxítona (têx-ti*l*); acentuam-se todas as paroxítonas com terminações diferentes de "a(s)", "e(s)", "o(s)", "em" e "ens", pois essas terminações já preveem acento nas oxítonas.

COMENTÁRIO(S) (correções):

A – "arquétipo" (ar-qué-ti-po), "ínterim" (ín-te-rim), "périplo" (pé-ri-plo);
B – "aerólito" (a-e-ró-li-to), "ágape" (á-ga-pe), "autóctone" (au-tóc-to-ne), "amálgama" (a-mál-ga-ma);
C – "ímprobo" (ím-pro-bo), "etíope" (e-tí-o-pe), "zênite" (zê-ni-te), "pólipo" (pó-li-po);
D – "protótipo" (pro-tó-ti-po), "biótipo" (bi-ó-ti-po), "abóbada" (a-bó-ba-da), "âmago" (â-ma-go);

E – "trânsfuga" (trâns-fu-ga), "brâmane" (brâ-ma-ne), "quadrúmano" (qua-drú-ma-no), "apóstata" (a-pós-ta-ta).

34. A

COMENTÁRIO(S):

B – Confrontem-se: "do" ("de" + "o", átona) e o substantivo "dó" (= "pena", monossílaba tônica);
C – "tu" é monossílaba tônica (note-se a intensidade da pronúncia do "u");
D – confrontem-se: "no" ("em" + "o", átona) e o substantivo "nó" (= "laço", monossílaba tônica);
E – confrontem-se: "se" (p. exemplo, pronome, monossílaba átona) e "sê" (forma verbal do imperativo afirmativo, monossílaba tônica).

35. D) Note-se a posição da sílaba tônica: re-cém, ru-bri-ca, plêi-a-de (a pronúncia "rúbrica" não está de acordo com a norma culta).

COMENTÁRIO(S):

A – "Novel": oxítona (no-vel), "azáfama": proparoxítona (a-zá-fa-ma), óbolo: proparoxítona (ó-bo-lo);
B – "vírus": paroxítona (ví-*rus*), "autóctone": proparoxítona (au-tóc-to-ne), "inaudito": paroxítona (i-nau-di-to);
C – "mister": oxítona (mis-ter), "opimo": paroxítona (o-pi-m*o*), "aziago": paroxítona (a-zi-a-g*o*);
E – "réptil": paroxítona (rép-ti*l*), "anódino": proparoxítona (a-nó-di-no), "pudico": paroxítona (pu-di-c*o*).

36. A) "Cateter": a rigor, é oxítona (ca-te-ter), mas tem-se difundido na medicina como paroxítona. Por enquanto, vale apenas o que está consignado na gramática normativa.

COMENTÁRIO(S):

B – "Ureter": sempre oxítona (u-re-ter);
C – acróbata: também ocorre como paroxítona, aliás, com maior frequência (a-cro-ba-t*a*);

D – "nefelibata": também ocorre como proparoxítona (ne-fe-lí-ba-ta);
E – "projetil": ocorre, com maior frequência, como paroxítona (pro-jé-til; plural: "projetis" ou "projéteis").

37. B) "Hifens": não se acentuam as paroxítonas terminadas por "em" ou "ens", pois essas terminações já preveem acento nas oxítonas (hi-*fens*); "coco": não se acentuam paroxítonas terminadas em "o(s)", pois essa terminação já prevê acento nas oxítonas (co-*co*; co-cô, oxítona); "azuis": não se acentua a base dos ditongos "ui" e "iu" (a-*zuis*); "talvez": acentuam-se as oxítonas terminadas por "ê(s)", mas não as terminadas por "ez" (tal-*vez*).

COMENTÁRIO(S):

A – "Aqui": não se acentuam oxítonas terminadas em "i(s)" ou "u(s)", a menos que essas vogais formem hiato (a-*qui*); "feiura": não se acentuam mais o "i" e o "u" em hiato quando essas vogais vêm precedidas de ditongo decrescente (f*ei*-u-ra), "tu": não se acentuam as monossílabas tônicas terminadas em "i(s)" ou "u(s)" (t*u*); "veem": com o Novo Acordo, aboliu-se o acento nos hiatos "oo" e "ee", em todos os casos (ve-*em*);
C – "constroem": não se acentuam paroxítonas terminadas por "em" (cons-tro-*em*); "eclipse": não se acentuam paroxítonas terminadas em "e(s)" (e-clip-s*e*); "repôr": o acento diferencial empregado no infinitivo do verbo "pôr" não deve ser empregado em verbos derivados (re-por, com-por);
D – "rubrica": na norma culta, é palavra paroxítona (ru-bri-c*a*); "ritmo": palavra com alto índice de erro de acentuação, note-se que não se acentuam paroxítonas terminadas por "o(s)", pois essa terminação já prevê acento nas oxítonas (rit-m*o*); "item": não se acentuam paroxítonas terminadas por "em" ou "ens" (i-t*em*, i-t*ens*, hi-f*ens*, po-l*ens*, li-qu*ens*, etc.); "ideia": aboliu-se o acento nos ditongos abertos "éi" e "ói", apenas nas palavras paroxítonas (i-d*ei*-a);
E – "flores": não se acentuam paroxítonas terminadas por "e(s)" (flo-*res*); "gratuito": ocorre ditongo ("ui"), e não hiato ("u-i") (gra-t*ui*-to); note-se, ainda, que não se acentua a base dos ditongos "ui" ou "iu"; "sede": mesma justificativa válida para "flores" (se-d*e*) (aqui, não se aplica mais acento de timbre, abolido antes mesmo da penúltima

Reforma Ortográfica, de 1971); "flor": acentuam-se as monossílabas tônicas terminadas em "o(s)", mas não as terminadas com "o(r)" (também não se aplica acento de timbre) (fl*or*).

38. D) "Propriá": acentuam-se as oxítonas terminadas em "a(s)" (Pro-pri-á) (por oposição, paroxítonas com essa mesma terminação não são acentuadas). Note-se que o adjetivo "própria" recebe acento por se tratar de paroxítona terminada em ditongo (pró-pr*ia*).

COMENTÁRIO(S):

A – "Aracatu": não se acentuam oxítonas terminadas em "u(s)" (ou "i[s]"), a não ser que essas vogais formem hiato (A-ra-ca-*tu*) (da mesma forma, não acentuamos "Aracaju", "Bauru", "Itu"), etc.;
B – "Florida": não se acentuam paroxítonas terminadas em "a(s)", pois essa terminação já prevê acento nas oxítonas (Flo-ri-d*a*); naturalmente, não confundir com o Estado norte-americano da "Flórida" (proparoxítona) (Fló-ri-da);
C – "Itapevi": acentuam-se as oxítonas terminadas com as vogais "a", "e" ou "o", seguidas ou não de "s"; as terminadas em "i(s)" ou "u(s)" só são acentuadas se essas vogais formarem hiato (I-ta-pe-*vi*);
E – "Quixaba": mesma observação válida para "Florida", paroxítona (Qui-xa-b*a*); em contrate, note-se a oxítona "Quixadá" (Qui-xa-dá) (cidade no Ceará).

39. E) "bocaiuva": com o Novo Acordo, perdeu o acento, mesmo que o hiato esteja formando sílaba sozinho, pois vem precedido de ditongo decrescente (bo-c*ai*-u-va) Nota: também é nome de cidade do Norte de Minas Gerais, portanto com inicial maiúscula ("Bocaiuva").

COMENTÁRIO(S):

Quando as vogais "i" e "u" ocorrem em hiato, recebem acento se constituem sílaba sozinhas (sa-ú-do, ca-ra-í-ba, Lu-í-sa *e* ci-ú-me) ou com "s" (Lu-ís, por exemplo), e desde que não sejam seguidas de "nh" (ra-i-*nh*a, gra-u-*nh*a), nem precedidas de ditongo decrescente (como é o caso de "bocaiuva").

40. C) "Crês" (e "convés"): acentuam-se as monossílabas tônicas e oxítonas terminadas em "a(s)", "e(s)", "o(s)" (crês, con-vés); "aquém": acentuam-se as oxítonas terminadas por "em" ou "ens" (a-quém); "miosótis": acentuam-se as paroxítonas terminadas em "i(s)" (ou "u[s]") (mi-o-só-t*is*).

COMENTÁRIO(S):

A – "Caubói": acentuam-se os ditongos abertos "éi" e "ói", exceto nas palavras paroxítonas (cau-bói); "bisturi": não se acentuam as oxítonas terminas em "i(s)" (ou "u[s]"), a menos que essas vogais formem hiato (bis-tu-r*i*); "pólen": acentuam-se as paroxítonas terminadas por "en" (mas não as terminadas por "ens") (pó-l*en*, mas: "pol*ens*"); "amá-lo": acentuam-se as oxítonas terminadas por "a(s)", "e(s)", "o(s)", mas não as paroxítonas (a-má[-lo]);

B – "rés" (ou "rês"): acentuam-se as monossílabas tônicas terminadas em "a(s)", "e(s)", "o(s)", mas não as terminadas em "i(s)" ou "u(s)"; "propôs": acentuam-se as oxítonas terminadas em "o(s)", mas não as paroxítonas (pro-pôs); "Caxambu": mesma justificativa para "bisturi" (vide acima) (Ca-xam-b*u*); "júri": acentuam-se as paroxítonas terminadas em "i(s)" (ou "u[s]") (jú-r*i*), mas não as oxítonas (quando essas vogais vêm precedidas de consoante, como em "bistur*i*" e "Caxamb*u*");

D – "contém" ou "contêm": acentuam-se as oxítonas terminadas por "em" ou "ens" (con-tém), mas não as paroxítonas com essas mesmas terminações; "saíssem": acentuam-se o "i" ou o "u" em hiato quando essas vogais formam sílaba sozinhas ou com "s", e desde que não venham seguidas de "nh" nem precedidas de ditongo decrescente (sa-ís-sem); "raízes": mesma justificativa de "saíssem" (ra-í-zes); "raiz": não se acentuam os hiatos "i" ou "u" quando formam sílaba com letra diferente de "s" (ra-iz);

E – "liquens": não se acentuam as paroxítonas terminadas por "em" ou "ens", pois essas terminações já preveem acento nas oxítonas (li-qu*ens*); "líquen": acentuam-se as paroxítonas terminadas por "en", mas não as terminadas por "em" ou "ens" (lí-qu*en*); "brêtema": acentuam-se todas as proparoxítonas, sem exceção (brê-te-ma); "acém": acentuam-se as oxítonas terminadas por "em" ou "ens", mas não as paroxítonas com essas mesmas terminações (a-cém).

41. B) “Hesito”: flexão verbal de “hesitar” (“eu hesito”, “tu hesitas”, etc.), paroxítona (he-si-to); não confundir com “êxito” (sucesso), que só ocorre como proparoxítona (ê-xi-to).

COMENTÁRIO(S):

Todas podem ocorrer como, respectivamente, proparoxítona ou paroxítona:

A – “o depósito” ou “eu deposito”, “o desânimo” ou “eu desanimo”; “o dígito” ou “eu digito”, “a dívida” ou “divida (você)”, “o êmbolo” (pistão) ou “eu embolo” (“embolar”);
B – “a fábrica” ou “ele fabrica”; “férvido” (adjetivo) ou “fervido” (particípio), “trêmula” ou “ele tremula” (“tremular”); “o hábito” ou “eu habito”;
C – “o incômodo” ou “eu incomodo”, “o índico” (“indiano”, “hindu”) ou “eu indico”, “o líquido” ou “eu liquido”, “o médico” ou “eu medico” (“medicar”), “o número” ou “eu numero”;
D – “a ópera” ou “ele opera”, “a órbita” ou “ele orbita”, “a prática” ou “ele pratica”, “o rótulo” ou “eu rotulo”, “a têmpera” (“temperamento”) ou “ele tempera”;
E – “o tráfego” ou “eu trafego”, “o trânsito” ou “eu transito”, “o triângulo” ou “eu triangulo” (verbo “triangular”), “o último” ou “eu ultimo” (“ultimar”, isto é, “concluir”, “finalizar”), “o vômito” ou “eu vomito”.

42. D) “Marés”: acentuam-se as oxítonas terminadas em “e(s)”, mas não as paroxítonas (cf.: “marés”, plural de “maré” e “mares”, plural de “mar”); “cível”: acentuam-se as paroxítonas com terminações diferentes de “a(s)”, “e(s)”, “o(s)”, “em”, “ens”, pois essas terminações já preveem acento nas oxítonas; “germens”: não se acentuam paroxítonas terminadas por “ens”, pois, como acabamos de afirmar, essa terminação já prevê acento nas oxítonas; “mantô”: acentuam-se as oxítonas terminadas em “o(s)”, mas não as paroxítonas (cf.: “manto”).

COMENTÁRIO(S) (correções):

A – Todas estão corretas;
B – “lêndea” e “vítreo”: acentuam-se as paroxítonas terminadas em ditongo (lên-*dea*, ví-*treo*), ou proparoxítonas eventuais (lên-de-a, ví-tre-o);

C – "filhó(s)": acentuam-se as oxítonas terminadas em "o(s)" (fi-lhó), mas não as paroxítonas (cf.: "filho[s]") ("filhó[s]" é uma espécie de bolo da culinária portuguesa);
E – "bistrô": acentuam-se as oxítonas terminadas em "o(s)" (bis-trô); "náilon": acentuam-se as paroxítonas terminadas em "om", "on" ou "ons" (nái-l*on*).

43. A) "Não sei por que (motivo)...": duas palavras, assim como "por qual": "Não sei por qual motivo..."; "eles não vêm": acento diferencial de terceira pessoa do plural, exclusivo dos verbos "ter" e "vir" no presente do indicativo; "... descobrir o porquê": "porquê", como uma única palavra e com acento, é substantivo e equivale a "motivo", vindo precedida de um determinante (geralmente o artigo definido "o"); note-se ainda que, neste caso, tem forma plural: "porquês".

44. E) "... tem": não se acentuam monossílabas tônicas terminadas por "em" ou "ens" (mas sim as oxítonas). O acento em "têm", para a terceira pessoa do plural, é meramente diferencial; "adverti-lo": não se acentuam oxítonas terminadas em "i(s)" (ou "u[s]"), a menos que essas vogais formem hiato (ad-ver-t*i*[-lo]); "por quê": grafa-se separadamente e com acento em fim de frase ou em forte pausa suspensiva.

45. B) "Pulôver": acentuam-se paroxítonas com terminações diferentes de "a(s)", "e(s)", "o(s)", "em" e "ens", pois essas terminações já preveem acento nas oxítonas (pu-lô-ve*r*) (ou: acentuam-se as paroxítonas terminadas em "l", "n", "r", "x", etc.).

COMENTÁRIO(S):

A – "Bobó": regra das oxítonas; "ubíquo": das paroxítonas terminadas em ditongo; "cátodo": das proparoxítonas; farisaísmo: do "i" ou "u" em hiato (formando sílabas sozinhos ou com "s");
B – "récua": paroxítona terminada em ditongo; "atóis": regra dos ditongos abertos "éi" e "ói", cujo acento foi abolido apenas nas palavras paroxítonas; "córnea": regra das paroxítonas terminadas em ditongo (ou proparoxítonas eventuais);
C – "congênere": proparoxítona; "tarô": oxítona; "alaúde": "u" em hiato; "dispneia": ditongo aberto "éi" (sem acento nas paroxítonas, a partir do Novo Acordo);

D – “âmbito”: proparoxítona; “arquétipo”: idem; “factível” e “pôquer”: paroxítonas;
E – “tônus”: paroxítona; “ázimo”: proparoxítona; “fogaréu”: ditongo aberto “éu” (acento mantido em todos os casos, diferentemente dos ditongos “éi” e “ói”); “gávea”: paroxítona terminada em ditongo (ou proparoxítona eventual).

46. D) “Cárter”: acentuam-se as paroxítonas com terminações diferentes de “a(s)”, “e(s)”, “o(s)”, “em” e “ens”, pois essas terminações já preveem acento nas oxítonas (cár-t*er*) (ou: acentuam-se as paroxítonas terminadas em “l”, “r”, “n”, “x”, etc.).

COMENTÁRIO(S):

A – “Tatus”: as oxítonas terminadas em “u(s)” (ou “i[s]”) não são acentuadas quando essas vogais vêm precedidas de consoante, mas o são, obrigatoriamente, se formam hiato (ta-*tu*);
B – “aqui”: vide a mesma justificativa anterior (a-qu*i*) (lembrete: nessa palavra, o “u” é mudo);
C – “glutens”: não se acentuam paroxítonas terminadas por “em” (nem “ens”), pois essas terminações já preveem acento nas oxítonas (glu-t*ens*);
E – “viris”: plural de “viril” (mesma justificativa válida para “tatus”) (vi-*ris*).

47. D) “Pôde”: o acento (diferencial) indica pretérito perfeito do indicativo (“eu pude”, “tu pudeste”, “ele pôde”... etc.); sem o acento, presente do indicativo (“eu posso”, “tu podes”, “ele pode” [“ó”] ... etc.).

COMENTÁRIO(S):

A – “Proteico”: os ditongos abertos “éi” e “ói” perderam o acento nas palavras paroxítonas (permanece em todos os demais casos) (pro-t*ei*-co);
B – “paranoico”: mesma justificativa anterior (pa-ra-n*oi*-co);
C – “feiura”: o “i” (ou “u”) em hiato perderam o acento quando precedidos de ditongo decrescente (mesmo que formem sílabas sozinhos) (f*ei*-u-ra);

E – "voo": não se acentua mais a primeira vogal dos hiatos "ee" e "oo", em nenhum caso (vo-*o*).

48. C

COMENTÁRIO(S):

A – Oxítonas terminadas em "i(s)" ou "u(s)" só são acentuadas quando essas vogais formam hiato; do contrário, nunca são acentuadas, por oposição às paroxítonas com essas mesmas terminações, que são sempre acentuadas;
B – trata-se exatamente do oposto: paroxítonas terminadas por "em" ou "ens" nunca são acentuadas, pois essas terminações já preveem acento nas oxítonas;
D – o "i" ou "u" em hiatos, quando formam sílaba sozinhos (ou com "s") são, em geral, acentuados, porém há duas proibições: quando vêm seguidos de "nh" ou precedidos de ditongo decrescente;
E – as monossílabas tônicas seguem regra semelhante às das oxítonas: acentuam-se apenas as terminadas em "a(s)", "e(s)" e "o(s)" (relembrando: a semelhança termina aí: oxítonas terminadas por "em" ou "ens" são acentuadas, mas as monossílabas não, exceto "têm" e "vêm", que recebem acento diferencial).

49. E) "Fênix", "parcimônia" e "cônsul": obedecem às regras das paroxítonas (acentuam-se as não terminadas em "a(s)", "e(s)", "o(s)", "em" e "ens", pois essas terminações já preveem acento nas oxítonas). Vale lembrar que "parcimônia" recebe acento por terminar em ditongo ("ia"), não em "a" (fê-ni*x*, par-ci-mô-n*ia*, côn-su*l*); "cúprico": acentuam-se todas as proparoxítonas, sem exceção (cú-pri-co).

COMENTÁRIO(S):

A – "Coo": com o Novo Acordo, aboliu-se o acento na primeira vogal dos hiatos "ee" e "oo", em todos os casos (co-*o*) (verbo "coar": "eu coo", "tu coas", "ele coa", etc.);
B – "abdomens": não se acentuam as paroxítonas terminadas por "ens" (essa terminação já prevê acento nas oxítonas), mas sim as terminadas por "en" ("hífen", mas "hifens" — sem acento) (ab-do-m*ens*);
C – "urutu": não se acentuam oxítonas terminadas por "u(s)" (ou "i[s]"),

a menos que essas vogais formem hiato (u-ru-<u>*tu*</u>);
D – "ti": acentuam-se as monossílabas tônicas apenas quando terminadas em "a(s)", "e(s)" ou "o(s)" (as terminadas em "i(s)" ou "u(s)" nunca são acentuadas, diferentemente das oxítonas, que admitem o acento quando essas vogais formam hiato).

50. A) Todas obedecem à regra das oxítonas: já-to-<u>bá</u>, me-<u>trô</u> (cf. "<u>me</u>tro", unidade de medida), pa-ra-<u>béns</u>, nin-<u>guém</u>.

COMENTÁRIO(S):

B – Todas as palavras da alternativa são monossílabas tônicas; acentuam-se apenas as terminadas em "a(s)", "e(s)" ou "o(s)"; portanto, "tu" e "si", sem acento; note-se que "má" e "más", aqui, é o feminino de "mau" e "maus" ("mas", conjunção adversativa, é palavra átona e, portanto, sem acento);
C – todas são paroxítonas com ditongo aberto ("éi" ou "ói"), cujo acento foi abolido com o último Acordo (frise-se: apenas nas paroxítonas), portanto: mo-<u>r*ei*</u>-a, es-<u>t*oi*</u>-co, he-<u>r*oi*</u>-co (mas "he<u>rói</u>", oxítona), i-<u>d*ei*</u>-a;
D – todas são paroxítonas, mas, nelas, as terminações "em" e "ens" nunca são acentuadas, pois as referidas terminações já preveem acento nas oxítonas (<u>hí</u>-*fen*, <u>hi</u>-*fens*, <u>i</u>-*tem*, <u>i</u>-*tens*);
E – todas se encaixam na regra do "i" ou "u" em hiato, que são acentuados quando formam sozinhos ou ou com "s", e desde que não venham seguidos de "nh" nem precedidos de ditongo decrescente (je-su-<u>í</u>-ta, ba-bu-<u>í</u>-no, gra-<u>ú</u>-do, ta-<u>i</u>-*nh*a).

ANEXO 5

QUESTÕES DE CONCURSOS PÚBLICOS

(Questões de 1 a 26 – anos 2021 a 2012)
(de 27 a 56 – anteriores a 2012)

1. (AOCP-2021) **Em "[...] especialistas que <u>têm</u> uma habilidade especial [...]", por que o verbo em destaque está acentuado?**

A) Porque se trata de uma palavra que possui apenas uma sílaba.
B) Porque é uma palavra tônica, diferente de "tem" em "ele tem estudado muito", por exemplo.
C) Porque a autora cometeu um erro de acentuação.
D) Porque ele é pronunciado com o "e" fechado, diferente de "até", por exemplo, que é pronunciado com o "e" aberto.
E) Porque o termo "especialistas" está no plural.

2. (RBO-2021) **Sobre o trecho "Mas um obstáculo ainda maior tem a ver com as dificuldades para produzi-lo", é correto afirmar que**

A) contém uma palavra que deveria receber acento agudo.
B) contém uma palavra que deveria receber acento circunflexo.
C) está em conformidade com a norma-padrão da língua portuguesa.
D) contém duas palavras que deveriam receber acento agudo.

Teto para a questão 3

Fundado em 1991, pela professora Zelinda Maria Braga Hirano, então professora do curso de Ciências Biológicas da FURB, o Projeto Bugio completou 30 anos no dia 22 de março. Para marcar essa data tão importante, a FURB TV produziu uma reportagem no Centro de Pesquisas Biológicas de Indaial (Cepesbi), mantido em parceria entre a Universidade de Blumenau e a prefeitura da cidade de Indaial para a realização do projeto. A reportagem recebeu, também, depoimentos de todo o país e do exterior de pesquisadores que

_____ o Projeto Bugio como referência da conservação de primatas.

"A maior conquista do projeto é o reconhecimento internacional deste centro e também na formação de pessoas. _____ gente do Brasil inteiro fazer estágio voluntário para aprender a manejar esses animais. A gente serve de referência mundial hoje para o manejo de Alouatta Guariba Clamitans", comemora a professora Zelinda. [...]

O Projeto

Os bugios chegam ao Cepesbi por meio da Polícia Ambiental. Atualmente, 49 bugios são mantidos no projeto. Eles recebem seis refeições por dia, entre folhas e frutas, e são cuidados por 15 pessoas, entre veterinários, biólogos, estagiários e bolsistas.

Antigamente, os animais que tinham condições eram devolvidos para a natureza, mas neste momento eles são mantidos em cativeiro por causa do surto de febre amarela que atinge Santa Catarina desde novembro de 2019, como explica a Coordenadora do projeto, Sheila Francisco. "Aqui, nós recebemos só os animais que não estão em condições de voltar pra natureza e, agora, durante o surto da febre amarela, que não podem ser soltos, _____ eventualmente podem vir a morrer por causa da doença". A febre amarela é causada, tanto nos humanos quanto nos primatas, pelo mosquito Aedes Aegipty. Assim, os bugios não transmitem a doença, mas sim são vítimas como o ser humano. A única forma de prevenir a febre amarela é se vacinando. [...]

Disponível em: http://www.furb.br/web/1704/noticias/projeto-bugio-comemora-30-anos-reconhecido-como-referencia/8600.

3. (FURB-2021) **Assinale a alternativa que completa correta e respectivamente as lacunas do parágrafo do texto:**

A) tem – Vem – porque
B) tem – Veem – porquê
C) têm – Vem – porque
D) têm – Vêm – por que
E) têm – Vêem – por que

4. (FAUEL-2021) **O autor do texto afirma que, para a alma vulgar e rude, "as noites não têm os pesadelos monstruosos". Com base no Novo Acordo Ortográfico, a forma como está grafado nesse trecho o verbo "têm" estaria:**

A) correta, pois nessa forma verbal é facultativo o uso de acento circunflexo, bem como em suas variações compostas.
B) incorreta, pois não devem ser acentuadas as palavras oxítonas com mais de uma sílaba terminadas em ditongo nasal.
C) correta, pois esse verbo recebe acento circunflexo quando conjugado na terceira pessoa do plural do presente do indicativo.
D) incorreta, pois prescinde-se de acento circunflexo para assinalar a vogal tônica fechada em palavras oxítonas.

5. (UNOESC-2021) (adaptada) **Analise os períodos quanto às recomendações da norma culta sobre acentuação gráfica.**

I. Sera apresentada uma pequena síntese do trabalho cientifico.
II. A vítima, até o presente instante, permanece em estado patético.
III. O Banco Central intervêm toda vez que o dólar dispara no mercado.
IV. O catálogo apresentado no brechó era de uma sutileza profundamente estonteante.

Que períodos estão completamente corretos quanto à acentuação gráfica?

A) Somente I e IV.
B) Somente II e IV.
C) Somente II e III.
D) Somente III e IV.

6. (Quadrix-2021) **Os vocábulos "também" e "têm" são acentuados de acordo com a mesma regra de acentuação gráfica.**

( ) certo
( ) errado

7. (FEPESE-2020) **Analise as frases a seguir, em conformidade com o Acordo Ortográfico da Língua Portuguesa vigente: "Os ... nas Sagradas Escrituras." e "Os fatos ... poder para modificar as palavras."**

Assinale a alternativa que completa corretamente as lacunas:

A) fieis creem – tem
B) fieis creem – têm
C) fieis crêem – tem
D) fiéis creem – têm
E) fiéis crêem – têm

8. (Pref. Catas Altas, MG-2020) **Assinale a alternativa cujo trecho contém palavra que pode receber acento diferencial.**

A) "Manuel, de 56 anos, advertiu durante a marcha sobre a existência de 'um monte de relatórios e de centros de pesquisa' que alertam que o caminho agora não é o correto."
B) "[...] as emissões de gases de efeito estufa decorrentes das atividades humanas levam a um aquecimento global que terá duras consequências."
C) "[...] um ícone da luta contra a mudança climática, que, como aconteceu nesta sexta-feira antes da manifestação, não pode caminhar pela COP25 [...]"
D) "Milhares de pessoas saíram às ruas nesta sexta-feira em Madri para exigir que os líderes políticos ajam contra o aquecimento global."

9. (FUNDATEC-2019) **Assinale a alternativa INCORRETA.**

A) As palavras "exercício" e "neurônios" são paroxítonas, recebendo acento por serem seguidas de ditongo crescente.
B) Se o acento das palavras "ânimo" e "prática" fosse retirado, ambas seguiriam existindo na língua portuguesa, mas assumiriam outra classe gramatical.
C) As palavras "áreas" e "nascíamos" são acentuadas em função da mesma regra.
D) As palavras "fácil" e "saudável" são acentuadas por serem paroxítonas terminadas em "l".
E) A palavra "três" é acentuada por ser um monossílabo tônico terminado em "-es".

10. (MPE-2019) **Assinale a alternativa em que todos os vocábulos estão acentuados corretamente:**

A) você, gratuíto, lápis, régua
B) parabéns, ítem, hífen, oásis
C) paletó, pajé, café, jiló
D) amém, amável, rúbrica, além
E) purê, chapéu, proíbido, ideia

11. (FUNDATEC-2019) **Assinale a alternativa em que há um vocábulo cuja regra de acentuação gráfica destoa da que determina a grafia dos demais.**

A) décadas – teórico – dólares
B) cúmplices – acadêmicos – tráfico
C) médicos – combustíveis – vítimas
D) hábito – críticas – ético
E) número – ilícito – clínicos.

12. (IF-TO-2019) **Assinale a alternativa em que todas as palavras estão acentuadas corretamente.**

A) bilíngue, mausoléu, barbárie
B) colmeia, graudo, comboio
C) pânico, pêra, condômino
D) chapéu, feiúra, jiboia
E) enjôo, linguística, faísca

13. (FAUEL-2019) **Assinale a alternativa em que o acento no verbo "ter" está empregado de forma INCORRETA:**

A) Alguns visitantes têm coragem de comer um pedaço de batata frita.
B) O povo islandês têm curiosidade sobre a preservação do lanche.
C) O McDonald's afirma que o lanche não tem muitos conservantes.
D) As batatas fritas e o hambúrguer já têm dez anos.

14. (AOCP-2019) **Assinale a alternativa em que as duas palavras sejam acentuadas a partir da mesma regra.**

A) há – têm
B) vitória – família
C) próximos – incontroláveis
D) obrigatória – usá-las

15. (Pref. Fortaleza, CE-2018) **No tocante à acentuação da palavra "lençóis", assinale a afirmação correta:**

A) acentua-se por ser oxítono terminado em ditongo aberto.
B) não deveria haver acento, pois é paroxítona.
C) O acento é facultativo, ou seja, também existe a forma "lençois".
D) O uso do acento agudo em ditongos abertos foi abolido pelo acordo ortográfico. (AOLP 1990).

16. (IF-SP-2018) **Marque a alternativa que apresenta a palavra destacada com a acentuação e explicação corretas sob o ponto de vista normativo-prescritivo:**

A) *Comprou os livros e mandou devolve-los.* A forma verbal apresenta um pronome átono ligado a ela, por meio de um hífen, o que permite aplicar a ela a regra geral da acentuação. Assim, não se acentuam as oxítonas terminadas nas vogais "a", "e", ou "o".
B) *Tratou do assunto que ainda é considerado um tabu.* A palavra tabu é oxítona. Todas as palavras oxítonas devem ser acentuadas. A palavra correta, portanto, seria "tabú".
C) *Os professores* marcaram uma *assembléia* com os alunos. De acordo com o Novo Acordo Ortográfico, nas palavras paroxítonas mantém-se o acento agudo nos ditongos "**éi**" e "**ói**".
D) *Os menores frascos contêm os melhores perfumes.* As formas verbais oxítonas terminadas por "-em" devem ser acentuadas, sendo usado o acento agudo para indicar o singular, e o circunflexo, o plural.

17. (CCV-UFC-2018) **Como "estreia", a grafia da palavra está conforme o Decreto Nº. 6.583, de 29 de setembro de 2008, em:**

A) fieis.
B) serie.
C) trofeu.
D) papeis.
E) heroico.

18. (FAPEC-2018) **A alternativa que traz a informação correta sobre a respectiva regra de acentuação da(s) palavra(s) e seus pré-requisitos é:**

A) Na palavra "saía", o "i" recebe acento gráfico porque forma hiato com a vogal anterior, constitui sílaba e não está precedido de ditongo. Além disso, não é seguido de –nh.
B) O "i" da palavra "saía" está indevidamente acentuado, pois, em palavras paroxítonas, o "i" que forma hiato não recebe acento gráfico.
C) A palavra "herói" está indevidamente acentuada, pois não se acentua graficamente a vogal tônica dos ditongos abertos "ei" e "oi".
D) As palavras "pôr" e "pôde" também poderiam ser grafadas sem o acento, pois as regras de ortografia em vigor consideram facultativos os acentos diferenciais.
E) As palavras "pôr" e "pôde" não deveriam estar acentuadas, pois as regras de ortografia em vigor não preveem uso de acentos diferenciais.

19. (AOCP-2018) **Em relação à acentuação gráfica, assinale a alternativa INCORRETA.**

A) "Órfãos" recebe acento por ser uma paroxítona terminada em ditongo decrescente.
B) "Quiçá" recebe acento por ser uma oxítona terminada em "a".
C) "Têm" recebe acento circunflexo por ser oxítona terminada em "m".
D) "Ninguém" recebe acento a partir da regra das oxítonas.
E) "Genuína" recebe acento por haver um hiato tônico com a letra "í" sozinha na sílaba.

20. (FUNDEP-2017) **Assinale o par de palavras que não é acentuado pela mesma justificativa gramatical.**

A) têm / também
B) gênero / antidemocráticas
C) tolerância / violência
D) econômica / democráticos

21. (IBAM-2016) **Assinale o trecho transcrito no qual conste um vocábulo que deixou de ser acentuado em razão das modificações introduzidas pela recente reforma ortográfica da língua portuguesa.**

A) "Faz parte do papel da escola ensinar os jovens a debater, defender pontos de vista, dialogar, argumentar e contra-argumentar".
B) "O bom humor no trato com eles é fundamental".
C) "Precisamos honrar nosso papel de adultos e levar a relação com os mais novos com seriedade, mas sem sisudez".
D) "coerentes e bem fundamentados para suas ideias".

22. (FUNDATEC-2016) **A respeito das regras de acentuação gráfica, considere as seguintes assertivas:**

I. "excluídos", "incluí-las" e "exercício" são acentuadas graficamente em razão da mesma regra.
II. "médio", "experiências" e "própria" recebem a mesma classificação quanto à posição da sílaba tônica e à terminação, o que justifica o acento gráfico em todas.
III. "já" e "têm" são monossílabos, mas recebem acento gráfico por razões diferentes.
IV. "estereótipos", "currículos" e "líderes" são vocábulos semelhantes quanto à posição da sílaba tônica e à regra que determina sua acentuação gráfica.

Quais estão corretas?

A) Apenas II.
B) Apenas I e II.
C) Apenas III e IV.
D) Apenas II, III e IV.
E) I, II, III e IV.

23. (FGV-2013) **Indique a alternativa cujos vocábulos tiveram sua acentuação gráfica alterada em função do último acordo ortográfico.**

A) têm - vêm
B) heroico - saúde
C) colmeia - herói
D) veem - leem
E) pára (verbo) - pôr (verbo)

24. (NC-UFPR-2012) **As lacunas do texto devem ser preenchidas, correta e respectivamente, com:**

Nunca a mídia falou tanto sobre saúde. A novidade, agora, é o sucesso que _______ feito em frente às câmeras de tevês. Seguindo o modelo americano, duas das maiores emissoras do País, a Globo e a Record, _______ programas cujo foco são doenças ou maneiras de evitá-las. E os médicos _______ lugar de destaque na produção, que usa informalidade, interatividade e didatismo.

(*IstoÉ*, 22/06/2011. Adaptado)

A) têm – mantêm – tem.
B) tem – mantém – tem.
C) têm – mantém – têm.
D) tem – mantêm – têm.
E) têm – mantêm – têm.

25. (FUNCAB-2012) **Assinale a alternativa em que todos os substantivos devem ser acentuados:**

A) lapis – bonus – bainha
B) serie – aspecto – torax
C) alcool – moinho – sucuri
D) urubu – egoismo – magoa
E) armazem – orgão – carater

26. (CESGRANRIO-2012) **De acordo com as regras de acentuação, o grupo de palavras que foi acentuado pela mesma razão é:**

A) céu, já, troféu, baú
B) herói, já, paraíso, pôde
C) jóquei, oásis, saúde, têm
D) baía, cafeína, exército, saúde
E) amiúde, cafeína, graúdo, sanduíche

27. (FCC) **A acentuação do vocábulo "país" é justificada:**

A) porque é paroxítono terminado em ditongo.
B) é acentuado para distinguir-se de "pais".
C) apresenta "i" tônico que não forma ditongo com a vogal anterior.
D) apresenta acento agudo por ser oxítona.
E) ditongo decrescente no final do vocábulo.

28. (TRT-RJ) **As palavras "três", "literário" e "autônomo" são assinaladas com acento gráfico em face das mesmas regras que justificam o acento, respectivamente, em:**

A) mês, contrário, caído
B) pá, íeis, átimo
C) lês, temerário, pôquer
D) só, mútuo, ímpar
E) véu, início, cômodo

29. (NCE/AGU) **As palavras "responsáveis", "também", "veículos", "intransferível", "há", "código", "publicitária" podem ser agrupadas, segundo as regras de acentuação gráfica, em:**

A) um só grupo.
B) dois grupos.
C) três grupos.
D) quatro grupos.
E) cinco grupos.

30. (FCC-TCE) **No que se refere à grafia, para estar de acordo com o padrão culto, a frase que deve ser preenchida com forma idêntica à destacada abaixo é:**

"Precisa, em outras palavras, evocar o mar Mediterrâneo – este pátio comum navegável e navegado por milênios, espécie de útero vital compartilhado – para entender <u>por que</u> a viagem de Colombo acabou e continua sendo uma metáfora do fim do mundo fechado, do abandono da casa materna e paterna".

A) Alguém poderá perguntar: — O autor citou a viagem de Colombo, ---?
B) Gostaria de saber --- ele se interessou especificamente por essa viagem de Colombo.
C) Quem sabe o --- da citação da viagem de Colombo?
D) Referências são sempre interessantes, --- despertam curiosidade acerca da viagem.
E) — --- foi a viagem que mais o teria impressionado, respondeu alguém quando indagado sobre o motivo da citação.

31. (TJ-SP) **Assinale a alternativa em que as palavras seguem, respectivamente, as mesmas regras de acentuação das palavras "ônibus", "Itália" e "caju":**

A) várzea – cerâmica – tabu
B) corrói – zebu – pânico
C) avó – tórax – caracóis
D) pássaro – róseo – guri
E) juízes – Bauru – ímpar

32. (TRE) **Segue a mesma acentuação de "país" a palavra:**

A) saúde
B) grêmios
C) aliás
D) heróis
E) táxi

33. (TRF-RJ) **Assinale a alternativa em que todas as palavras obedecem à mesma regra de acentuação das palavras "indivíduo" e "contínua":**

A) tênue, mútuos, história
B) cárie, oblíquo, substituí
C) pastéis, herói, Pádua
D) Icaraí, vários, relógio
E) colégio, Cláudia, ônus

34. (CMB) **Assinale a opção em que todas as palavras devem receber acento gráfico:**

A) gratis – taxi – caruru
B) fenomeno – refem – juiz
C) ima – tenis – monetario
D) inclui – poluido – bainha
E) fregueses – niquel – insonia

35. (SSP-MT) **Indique a alternativa que apresenta erro na acentuação em uma das palavras:**

A) mártir – freguês – pólen
B) calvície – têxteis – ânsia
C) incrível – tênue – cárie
D) sêmen – armazém – ítem
E) vírus – órfão – vácuo

36. (FGV-SP) **Os hiatos das duas formas verbais devem ser acentuados apenas na alternativa:**

A) refluir, intuindo
B) construindo, destruido
C) caida, saiste
D) instruido, intuito
E) refluira, destruindo

37. (FUNRIO) **As palavras "últimos", "também", "vício" e "saúde" obedecem, respectivamente, às mesmas regras de acentuação de:**

A) fenômeno – alguém – balaústre – tênue
B) âmago – detém – bílis – júri
C) vácuo – acém – míope – núpcias
D) etéreo – álbum – régio – chapéu
E) público – armazém – imundície – viúvo

38. (CESPE) (adaptada) **Sabendo-se que há quatro grafias dos "porquês", pode-se afirmar que há incorreção na frase:**

A) Não se sabe por que os jornalistas tinham baixa formação.
B) Não se sabe o porquê de os jornalistas terem baixa formação.
C) Os jornalistas tinham baixa formação por que?
D) Os jornalistas tinham baixa formação porque não havia cursos especializados.
E) Os cursos por que passavam os jornalistas eram de curta duração.

39. (CESPE) **Assinale a opção incorreta:**

A) Seguem a mesma regra de acentuação de "além" as seguintes palavras: "porém", "armazém", "também" e "pólen".
B) A palavra "hidrográficas" é acentuada por ser proparoxítona.
C) As palavras "resíduos", "núcleos", "espécie" e "negócios" são acentuadas porque têm a sílaba tônica na mesma posição e terminam com encontro vocálico.
D) As palavras "agrotóxico", "tóxico", "silvícola", "árvore" e "amazônico" são acentuadas de acordo com a mesma regra.

40. (CESGRANRIO) (adaptada) **Considere as afirmações**:

I. "Nível" e "lamentável" recebem acento gráfico em obediência à mesma regra, da mesma forma que, mas por outra regra, recebem os vocábulos "médio" e "contrário".
II. Se "lúbrica" e "até" recebem acento gráfico, também deve receber acento em obediência às mesmas regras, respectivamente, "tórrido" e "céus".

III. Os vocábulos "insensível" e "audiência" recebem acento gráfico em obediência, respectivamente, às mesmas regras que justificam os acentos em "saldável" e "silêncio".
IV. "Vocabulário", "maledicência" e "possível" são vocábulos que recebem acento gráfico em obediência à mesma regra.
V. O vocábulo "é" recebe acento gráfico para distinguir-se, na escrita e na pronúncia, do vocábulo "e".

Das afirmações acima, estão corretas apenas:

A) I, III e IV
B) II, III e V
C) I e III
D) III e V
E) I, IV e V

41. (BC) **O "i" e o "u" devem ser acentuados em todas as palavras, segundo o princípio dos hiatos:**

A) balaustre – Jacarei – faisca – judaismo
B) cairdes – baia – baus – juizes
C) caistes – sairam – atraiu – Jau
D) pauis – Avai – Itau – raiz

42. (TCE-SP) **Apenas uma alternativa apresenta acentuação correta:**

A) maracujá – tambêm – saída
B) Pacaembú – série – órgão
C) perdí – hífen – lápis
D) item – apêlo – cai
E) paraíso – diário – Jaú

43. (FCC-SP) **O ___ era grande. Os exportadores de ___ tentavam, inutilmente, ___.**

A) prejuízo – têxteis – reduzi-lo
B) prejuizo – téxteis – reduzi-lo
C) prejuizo – têxteis – reduzí-lo
D) prejuizo – téxteis – reduzí-lo
E) prejuízo – textis – reduzi-lo

44. (TCE-GO) **Assinale a série em que todas as palavras estão acentuadas corretamente:**

A) idéia – urubú – suíno – ênclise
B) bíceps – heróico – ítem – fóssil
C) tênis – fôsseis – caíste – japonêsa
D) fútil – hífen – ânsia – decaído
E) apóia – tapête – órfã – ruína

45. (TCE-GO) (adaptada) **Se ela crê, eles não ___; se ela vê, eles não ___; opostos em tudo, ___ apenas a mesma opinião como liame.**

A) creem – vêm – tem
B) crêem – vêm – têm
C) creem – vem – tem
D) creem – veem – têm
E) crêem – vêem – têm

46. (FCC-SP) **À luz do seu magnífico ___ do sol, ___ parece uma cidade ___.**

A) por – Paranavaí – tranquila
B) por – Paranavai – tranqüila
C) por – Paranavai – tranquila
D) pôr – Paranavaí – tranqüila
E) pôr – Paranavaí – tranquila

47. (TRE-MG) **Assinale a série em que só uma das palavras não é acentuada:**

A) fluor – constroi – atrai-lo – atraves – latex
B) graudo – nucleo – bilis – nevoa – paraiso
C) etiope – pensil – fragil – codigo – carater
D) rutilo – cadaver – rapido – pindaiba – util
E) refem – xicara – publico – latex – apoteose

48. (TRT-SP) **Em todas as alternativas as palavras devem ser acentuadas, exceto:**

A) chavena – perifrase – exodo
B) pudico – rubrica – ibero
C) leucocito – raizes – musica
D) nodoa – arquetipo – bonus
E) liquen – juri – obolo

49. (NEC-RJ) **Assinale a opção em que há uma palavra que não deve receber acento gráfico:**

A) Heloisa – ruido – juizes
B) caido – destroi – trajetoria
C) foruns – nivel – torax
D) perdoo – forceps – coco
E) perola – fenix – biquini

50. (ESAF-TTN) (adaptada) **Assinale o período <u>incorreto</u> quanto à acentuação gráfica:**

A) A funcionária remeterá os formulários até o início do próximo mês.
B) Ninguém poderia prever que a catástrofe traria tamanho ônus para o país.
C) O voo está atrasado; os senhores têm que viajar pela ponte aerea para conexão no Rio.
D) O pronunciamento feito pelo diretor na assembleia revestia-se de caráter inadiável.
E) Segundo o regulamento, o órgão competente tomará as providências cabíveis.

51. (ESAF-TCU) **Aponte o trecho com acentuação gráfica totalmente correta:**

A) Em meio aos produtos agrícolas, destaca-se, dentre as essências plantadas, o eucalípto, que tem na vinculação com a industria de celulose seu maior sustentáculo econômico.
B) O documento propõe que, além da Música e da Ginástica, o Desenho seja ensinado em todas as séries, do curso de bacharelado propedeutico às carreiras profissionalizantes.
C) Não cabe discutir se a legislação é boa ou ruim; deve-se cumprí-la e honrá-la.
D) A viuva de Chico Mendes não acompanhou a caravana de políticos à visita ao túmulo do líder dos seringueiros, assassinado em 1988.
E) Os educadores não têm grandes divergências quanto a reconhecer a ineficiência da escola brasileira, nas últimas décadas, em oferecer educação às classe populares.

52. (IDR-DF) Considerando as normas de acentuação gráfica, assinale o item que completa as lacunas das frases de modo correto:

"O artilheiro jogou muito bem, mesmo assim o ___ resolveu ___. / Sempre ___ alguns ___.

A) juiz / substituí-lo / recebíamos / bônus
B) juíz / substitui-lo / recebíamos / bonus
C) juíz / substituí-lo / recebíamos / bonus
D) juiz / substitui-lo / recebiamos / bônus

53. (DPF-DF) **Todos os itens da série acentuam-se graficamente pela mesma regra:**

A) tendência / possível / mínimo
B) ninguém / parabéns / retém
C) teóricos / construído / hipótese
D) imaginária / já / inevitável
E) secretária / revólver / Anhagabaú

54. (TCU) **Dentre as opções abaixo, existe uma cujas palavras estão na mesma posição dos vocábulos *manhã*, *refém* e *lêvedo*, no que se refere à sílaba tônica. Assinale-a:**

A) Nobel / mister / protótipo
B) ureter / necropsia / fôlego
C) sutil / cânon / Niágara
D) recém / néctar / erudito
E) réptil / soror / sarongue

55. (GDR-SEA-IDR) **A palavra sublinhada que não deve ser acentuada está na sentença:**

A) A diferença entre as respostas era <u>sutil</u>.
B) Ontem não <u>pode</u> fazer a prova de texto.
C) O <u>ruido</u> dos motores perturbava os vizinhos.
D) No andar <u>terreo</u> encontra-se afixado o edital.
E) Espera-se que o <u>orgão</u> competente trate do problema.

56. (CESPE) **Recebem acento gráfico (agudo ou circunflexo)** ***todas*** **as palavras da opção:**

A) emprego, nele, pessegozinho
B) para (preposição), republica (substantivo), rainha
C) pais (pátria, terra), gravissima, capitalismo
D) imprescindiveis, ideologia, juiz
E) raizes, declinio, hifen

RESPOSTAS

1. E) Monossílabos tônicos terminados por "em" não recebem acento; o acento em "têm" e "vêm" é meramente diferencial (disntingue as terceiras pessoas do singular e do plural).

2. C) Os vocábulos "tem" e "produzi-lo" não devem ser acentuados, pois "tem" está concordando na terceira pessoa do singular (com "um obstáculo..."); "produzi-lo": não se acentuam oxítonas terminadas em "i" ou "u", a não ser que essas vogais formem hiato.

3. C) "Têm": com acento circunflexo, por concordar com "pesquisadores"; "veem": não se acentuam mais a primeira vogal dos hiatos "ee" e "oo"; "porque": grafado como uma única palavra, é conjunção coordenativa explicativa ou subordinativa adverbial causal.

4. C) Monossílabas tônicas terminadas por "em" não levam acento, porém ocorre acento diferencial — portanto sem relação com tonicidade — na terceira pessoa do plural dos verbos "ter" e "vir": "eles têm/eles vêm".

5. B) COMENTÁRIO(S):

Períodos corretos

II - A vítima, até o presente instante, permanece em estado patético.
"Vítima" e "patético": acentuam-se todas as proparoxítonas; "até": acentuam-se as oxítonas terminadas em "a", "e", "o", seguidas ou não de "s", "em" e "ens". As demais palavras do período não devem receber acento.
IV. O catálogo apresentado no brechó era de uma sutileza profundamente estonteante.
"Catálogo": regra das proparoxítonas; "brechó": regra das oxítonas.

Períodos incorretos:

I. Sera apresentada uma pequena síntese do trabalho cientifico.
"Será" requer acento (oxítona terminada em "e(s)").
"científico" requer acento (proparoxítona).
III. O Banco Central intervêm toda vez que o dólar dispara no mercado.
"Intervém": os verbos derivados de "ter" e "vir" recebem acento agudo na terceira pessoa do singular e circunflexo na terceira do plural; no caso, "intervir" deve concordar com "O Banco Central" (terceira do singular), logo o acento deve ser agudo ("intervém").

6. (E) "Também" se acentua por ser oxítona terminada por "em"; o acento em "têm" é diferencial (empregado para distinguir as terceiras pessoas do singular e do plural: ele tem/eles têm).

7. D) "Fiéis": acento agudo no ditongo aberto "éi" (abolido apenas nas paroxítonas); "creem": os hiatos "ee" e "oo" não são mais acentuados; "têm": acento diferencial (terceira pessoa do plural, para contrastar com a terceira pessoa do singular).

8. C) "... antes da manifestação, não pode caminhar...": o acento diferencial permanece na palavra "pôde" (pretérito perfeito do indicativo) para diferenciá-la de "pode" (presente do indicativo).

9. C) "Áreas": regra das paroxítonas terminadas em ditongo; "nascíamos": regra das proparoxítonas.

COMENTÁRIO(S):

> B – "Ânimo" e "prática" são substantivos ("o ânimo", "a prática"); sem acento, são verbos: ("eu animo", "ele pratica").

10. C) Acentuam-se as oxítonas terminadas em "a(s)", "e(s)", "o(s)", "em", "ens"; todas as palavras da alternativa se enquadram nesta regra.

COMENTÁRIO(S):

> A – Na palavra "gratuito", "ui" constitui ditongo (gra-t*ui*-to), não hiato;
> B – não se acentuam paroxítonas terminadas por "em" nem "ens", pois essas terminações já preveem acento nas oxítonas;

D – na norma culta, trata-se de palavra paroxítona (ru-*bri*-ca);
E – o acento em "proíbido" é completamente descabido, pois se trata de palavra paroxítona (pro-i-*bi*-do).

11. C) A palavra "combustíveis" é acentuada por se tratar de paroxítona terminada em ditongo (seguido de "s"); todas as palavras, em todas as demais alternativas, são acentuadas por serem proparoxítonas.

12. A) "Bilíngue" e "barbárie": acentuam-se as paroxítonas terminadas em ditongo; "mausoléu": acentua-se o ditongo aberto "éu" (em todas as palavras), para diferenciar-se do ditongo fechado (compare: "seu"/"céu").

COMENTÁRIO(S):

B – "Graúdo": acentua-se o "i" e "u" em hiato, quando formam sílaba sozinhos ou com "s" (gra-ú-do);
C – o acento diferencial foi abolido na palavra "pêra" (permanecem apenas três obrigatórios, em "têm", "vêm" (e seus derivados) e "pôde";
D – aboliu-se acento no hiato "u", mesmo quando forme sílaba sozinho (f*ei*-u-ra), se vier precedido de ditongo decrescente;
E – aboliu-se o acento nos hiatos "ee" e "oo", em todos os casos.

13. B) Como o sujeito está na terceira pessoa do singular ("O povo islandês" = "ele"), não há necessidade do acento diferencial.

14. B) Ambas são paroxítonas terminadas em ditongo (vi-tó-r*ia*; fa-mí-l*ia*), que são sempre acentuadas, sem exceção.

COMENTÁRIO(S):

A – "Há": monossílaba tônica terminada em "a(s)"; "têm": acento diferencial;
C – "próximos": proparoxítona; "incontroláveis": paroxítona terminada em ditongo, seguido de "s" (in-con-tro-lá-v*ei*s);
D – "obrigatória": paroxítona terminada em ditongo (o-bri-ga-tó-r*ia*); "usá-las": oxítona terminada em "a" (o pronome "-las" é desconsiderado para a acentuação, pois se trata de uma palavra átona).

15. A) O acento nos ditongos abertos "éi" e "ói" foi abolido apenas nas palavras paroxítonas; como "lençóis" é palavra oxítona, fica mantido.

COMENTÁRIO(S):

D – Não generalize: frisemos, mais uma vez, que foi abolido apenas nas palavras paroxítonas.

16. D) A variação entre acento agudo (singular) e circunflexo (plural) só se aplica aos verbos derivados de "ter" e "vir", tais como "conter", "deter", "entreter", "intervir", "sobrevir", "desavir", etc.

COMENTÁRIO(S):

A – "Devolvê-los": acentuam-se as oxítonas terminadas em "a(s)", "e(s)", "o(s)", "em", "ens";
B – "tab*u*": não se acentuam as oxítonas terminadas pelas vogais "i(s)" e "u(s)", quando estas vêm precedidas de consoante;
C – "assembleia": aboliu-se o acento nos ditongos abertos "éi" e "ói" nas palavras paroxítonas.

17. E) Aboliu-se o acento nos ditongos abertos "éi" e "ói" apenas nas palavras paroxítonas.

COMENTÁRIO(S):

A – "Fiéis": o acento no referido ditongo permanece nos demais casos;
B – "série": regra das paroxítonas terminadas em ditongo (sé-r*ie*) (ou proparoxítonas eventuais: "sé-ri-e");
C – "troféu": o ditongo aberto "éu" mantém o acento em todos os casos (isto é, independentemente da sílaba tônica);
D – "papéis": mesma justificativa de "fiéis", na primeira alternativa.

18. A) "Saía", do verbo "sair", preenche todas as condições para a acentuação do hiato "i" (e "u") descritas na alternativa. Não se esqueça: a função do acento nos hiatos "i" e "u" é deixar claro se ocorre hiato ou ditongo ("saía" e "saia" são palavras completamente diferentes: "Ela sempre saía com a mesma saia.")

COMENTÁRIO(S):

B – O que se diz nesta alternativa se exclui a partir do que se disse na primeira alternativa;
C – os ditongos abertos "éi" e "ói" só tiveram o acento abolido nas palavras paroxítonas;
D – nem todos os acentos diferenciais são facultativos;
E – alguns acentos diferenciais permanecem obrigatórios com o último Acordo Ortográfico.

19. C) A regra correta afirma que se acentuam as oxítonas terminadas por "em" ou "ens", mas não apenas em "m"; além disso, a gramática moderna distingue oxítonas de monossílabas tônicas (estas não recebem acento quando terminam por "em" ou "ens").

20. A) "Têm" recebe acento diferencial; "também" se acentua por ser oxítona terminada por "em".

COMENTÁRIO(S):

B – Ambas são proparoxítonas;
C – ambas são paroxítonas terminadas em ditongo;
D – ambas são proparoxítonas.

21. D) A palavra "id*ei*a" deixou de ser acentuada, pois aboliu-se o acento nos ditongos abertos "éi" e "ói" nas palavras paroxítonas.

22. D

COMENTÁRIO(S):

I. "Excluídos" e "incluí-las": regra dos hiatos "i" e "u"; "exercício": regra das paroxítonas terminadas em ditongo;
II. todas são paroxítonas terminadas em ditongo;
III. "já": regra das monossílabas tônicas; "têm": regra dos acentos diferenciais;
IV. todas são proparoxítonas (e, consequentemente, todas acentuadas).

23. D) Aboliu-se o acento, em todos os casos, nos hiatos "ee" e "oo".

COMENTÁRIO(S):

A – Não houve alteração (regra dos acentos diferenciais);
B – "heroico" sofreu alteração (regra dos ditongos abertos nas paroxítonas), mas "saúde" não (regra dos hiatos "i" e "u");
C – "colmeia" sofreu alteração, mas "herói" não (regra dos ditongos abertos);
E – "para" perdeu o acento diferencial, mas "pôr" o mantém (para se diferenciar da preposição "por").

24. D) "... o sucesso que tem feito em frente às câmeras de TV": concordando no singular com o sujeito oculto "mídia", mencionado anteriormente; "... a Globo e a Record, mantêm...": os verbos derivados de "ter" recebem acento agudo na terceira pessoa do singular e circunflexo na terceira do plural; "E os médicos têm lugar...": os verbos "ter" e "vir" recebem acento diferencial (circunflexo) na terceira pessoa do plural, no presente do indicativo.

25. E) "Armazém": regra das oxítonas ("a(s)", "e(s)", "o(s)", "em", "ens"); "órgão": regra das paroxítonas terminadas em ditongo; "caráter": regra das paroxítonas terminadas em "r".

COMENTÁRIO(S):

A – "Lápis", "bônus": acentuam-se as paroxítonas terminadas em "i(s)" e "u(s)"; "bainha": não se acentua o "i" nos hiatos, mesmo que forme sílaba sozinho, quando seguido de "nh" (ba-*i*-nha);
B – "série": acentuam-se as paroxítonas terminadas em ditongo; "aspecto": não se acentuam as paroxítonas terminadas em "a(s)", "e(s)", "o(s)", "em", "ens", pois essas terminações já preveem acento nas oxítonas; "tórax": acentuam-se as paroxítonas terminadas em "x";
C – "álcool": acentuam-se todas as proparoxítonas (ál-co-ol); "moinho": mesma regra de "bainha" (primeira alternativa); "sucuri": não se acentuam oxítonas terminadas em "i(s)" nem "u(s)" quando essas vogais vêm precedidas de consoante;
D – "urubu": mesma regra de "sucuri" (terceira alternativa); "egoísmo": acentuam-se o "i" e "u" em hiato quando formam sílaba sozinhos ou com "s" (e-go-ís-mo); "mágoa": acentuam-se as paroxítonas terminadas em ditongo (má-g*oa*).

26. E) Regra dos hiatos: a-mi-ú-de, ca-fe-í-na, gra-ú-do, san-du-í-che.

COMENTÁRIO(S):

A – "Céu" e "já": monossílabas tônicas; "troféu" e "baú": oxítonas;
B – "herói": ditongo aberto; "já": monossílaba tônica; "paraíso": hiato; "pôde": acento diferencial;
C – "jóquei" e "oásis": paroxítonas; "saúde": hiato; "têm": acento diferencial;
D – "baía", "cafeína" e "saúde": hiatos; "exército": proparoxítonas.

27. C) O "i" tônico que não forma ditongo com a vogal anterior constitui um hiato (regra do "i" e "u" em hiato).

COMENTÁRIO(S):

A – "País" é oxítona (pa-ís);
B – não se trata de acento diferencial;
D – não, pois nem toda oxítona requer acento;
E – o vocábulo apresenta hiato, não ditongo.

28. B) "Pá" e "três": regra das monossílabas tônicas; "*í*e*is*" (í-*eis*) e "literár*io*" (li-te-rá-r*io*) : paroxítonas terminadas em ditongo; "*á*timo" e "aut*ô*nomo": proparoxítonas.

COMENTÁRIO(S):

A – "Mês": regra das monossílabas tônicas; "contrár*io*": das paroxítonas terminadas em ditongo (con-trá-r*io*); "caído": dos hiatos "i" e "u" (ca-í-do);
C – "lês": monossílabas tônicas; "temerár*io*": paroxítonas terminadas em ditongo (te-me-rá-r*io*); "pôque*r*": paroxítonas ("l", "n", "r", "x", etc.);
D – "só": monossílabas tônicas; "mút*uo*": paroxítonas terminadas em ditongo (mú-t*uo*); "ímpa*r*": paroxítonas ("l", "n", "r", "x", etc.);
E – "véu": regra dos ditongos abertos; "iníc*io*": paroxítonas terminadas em ditongo (i-ní-c*io*); "*cô*modo": proparoxítonas.

29. C) Grupo 1: "há" e "também" (oxítonas), grupo 2: "veículos" e "*có*digos" (proparoxítonas), grupo 3: "intransferíve*l*" e "publicitár*ia*" (paroxítonas).

COMENTÁRIO(S):

1) Algumas gramáticas não distinguem monossílabas tônicas de oxítonas;
2) "publicitárias" pode ser também considerada proparoxítona eventual: "pu-bli-ci-tá-ri-as".

30. B) "Gostaria de saber <u>por que</u> ele..." (isto é, "por <u>qual motivo</u>"), assim como no texto da questão: "... para entender por <u>qual motivo</u> a viagem...").

COMENTÁRIO(S):

A – Grafa-se "por quê" (separado, com acento) em final de frase ou em forte pausa suspensiva;
C – quando a palavra "porquê" (junto, com acento) vem antecedida de artigo ("o"), é um substantivo e pode ser substituída por "motivo"; neste caso, admite plural: "Não quero ouvir os seus porquês.";
D – grafa-se "porque" quando equivale a "pois": "... sempre interessantes, <u>pois</u> despertam curiosidade...";
E – mesma justificativa da alternativa anterior: "... <u>pois</u> foi a viagem que mais o teria...".

31. D) "Ônibus" e "*pá*ssaro": regra das proparoxítonas; "Itál*ia*" e "rós*eo*": regra das paroxítonas terminadas em ditongo (I-ta-l*ia*, ró-s*eo*); "caj*u*" e "gur*i*": regra das oxítonas (não se acentuam as terminadas em "i" e "u" quando essas vogais vêm precedidas de consoante).

COMENTÁRIO(S):

A – regra das paroxítonas terminadas em ditongo, proparoxítonas; oxítonas;
B – dos ditongos abertos "éi" e "ói", oxítonas, proparoxítonas;
C – das oxítonas, das paroxítonas, dos ditongos abertos "éi" e "ói";
E – do "i" ou "u" em hiato, oxítonas, paroxítonas.

32. A) "País" segue a regra dos hiatos "i" e "u" (pa-ís); o mesmo se dá em "saúde" (sa-ú-de).

COMENTÁRIO(S):

B – "Grêm*ios*": regra das paroxítonas terminadas em ditongo, seguido de "s" (grê-m*io*s);
C – "aliás": regra das oxítonas ("a(s)", "e(s)", "o(s)", "em", "ens");
D – "heróis": regra dos ditongos abertos "éi" e "ói" (o acento nesses ditongos foi eliminado, no último Acordo, nas paroxítonas: "heroico");
E – "táx*i*": regra das paroxítonas (se as oxítonas terminadas pelas vogais "i(s)" e "u(s)", precedidas de consoante, nunca são acentuadas, as paroxítonas sempre são).

33. A) "Indivíduo" e "contínua" são acentuadas porque são paroxítonas terminadas em ditongo (in-di-<u>ví</u>-d*uo*; con-<u>tí</u>-n*ua*); o mesmo se dá em <u>tê</u>-n*ue*, <u>mú</u>-t*uo*s e his-<u>tó</u>-r*ia*.

COMENTÁRIO(S):

B – "Cár*ie*" e "oblíq*uo*": regra das paroxítonas terminadas em ditongo (cá-r*ie*, o-blí-q*uo*); "substituí": regra do "i" e "u" em hiato (subs-ti-tu-í; cp.: subs-ti-t*ui*);
C – "pastéis" e "heróis": regra dos ditongos abertos "éi" e "ói"; "Pád*ua*": das paroxítonas terminadas em ditongo (Pá-d*ua*);
D – "Icaraí": (I-ca-ra-í); "vár*io*s" e "relóg*io*s": das paroxítonas terminadas em ditongo, seguido ou não de "s" (vá-r*io(s)*; re-ló-g*io(s)*);
E – "colég*io*" e "Cláud*ia*": regra das paroxítonas terminadas em ditongo (co-lé-g*io*, Cláu-d*ia*); "ôn*us*": regra das paroxítonas ("l", "n", "r", "x", etc.).

34. C) "<u>Í</u>mã": paroxítona terminada em "ã" (existe "i<u>mã</u>" — sacerdote muçulmano — oxítona, sem acento); "tên*is*": paroxítona terminada em "i(s)"; "monetár*io*": paroxítona terminada em ditongo (mo-ne-tá-r*io*).

COMENTÁRIO(S):

A – "Grátis" e "táxi": acentuam-se as paroxítonas terminadas em "i(s)"; "caruru": não se acentuam oxítonas terminadas em "i(s)" e "u(s)", a menos que essas vogais formem hiato;

B – "fe*nô*meno": acentuam-se todas as proparoxítonas; "refém": acentuam-se as oxítonas terminas em "a(s)", "e(s)", "o(s)", "em", "ens" (frisando: as paroxítonas com essas mesmas terminações não são acentuadas); "ju*iz*": não se acentuam o "i" e "u" em hiato quando formam sílaba com letra diferente de "s" (ju-*iz*); "poluído": acentuam-se "i" e "u" quando, em hiato, formam sílaba sozinhos ou com "s" (po-lu-í-do); "bainha": não se acentua o "i" em hiato quando seguido de "nh", mesmo que forme sílaba sozinho (ba-*i*-nha);
D – "incl*ui*": não se acentua a base (vogal tônica) do ditongo "ui" (in-cl*ui*) (ou pode se tratar de hiato, onde o acento é obrigatório (in-clu-í);
E – "fregue*ses*": não se acentuam paroxítonas terminadas em "e(s)", pois essa terminação já prevê acento nas oxítonas (fre-guês); "níque*l*": acentuam-se paroxítonas terminadas em "l" (ou: acentuam-se as paroxítonas com terminações diferentes de "a(s)", "e(s)", "o(s)", "em", "ens", pois essas terminações já preveem acento nas oxítonas); "insôn*ia*": acentuam-se as paroxítonas terminadas em ditongo (in-sô-n*ia*).

35. D) "It*em*": não se acentuam paroxítonas terminadas por "em" ou "ens" ("it*ens*"), pois essas terminações já preveem acento nas oxítonas; "sême*n*": acentuam-se as paroxítonas terminadas em "n" (mas não as terminadas por "ens", como acabamos de frisar); "armazém": acentuam-se as oxítonas terminadas por "em" e "ens".

COMENTÁRIO(S):

A – "Márti*r*" e "póle*n*": regra das paroxítonas; "fregu*ês*": das oxítonas;
B – "calvíc*ie*", "têxt*eis*" e "âns*ia*": regra das paroxítonas terminadas em ditongo, seguido ou não de "s" (cal-ví-c*ie*, têx-t*eis*, ân-s*ia*);
C – "incríve*l*": das paroxítonas; "tên*ue*" e "cár*ie*": das paroxítonas terminadas em ditongo (tê-n*ue*, cá-r*ie*);
E – "vír*us*": das paroxítonas terminadas em "u(s)" (frisando que as oxítonas com essa mesma terminação não são acentuadas, a menos que "u" forme hiato); "órfão" e "vác*uo*": paroxítonas terminadas em ditongo (ór-f*ão*, vá-c*uo*).

36. C) "Caída" e "saíste": acentuam-se o "i" e o "u" em hiato quando formam sílaba sozinhos ou com "s", e desde que não sejam seguidos de "nh" nem precedidos de ditongo decrescentes: "ca-í-da", "sa-ís-te".

COMENTÁRIO(S):

A – "refluir", "intuindo": sem acento, pois formam sílaba com consoante diferente de "s" (re-flu-*ir*; in-tu-*in*-do);
B – "construindo": "cons-tru-*in*-do", sem acento, pois forma sílaba com consoante diferente de "s", "destruído": com acento, pois forma sílaba sozinho (des-tru-í-do);
D – "instruído": com acento, pela mesma razão de "destruído" (ins-tru-í-do), "intuito": sem acento (nem sequer há hiato nesta palavra, mas sim ditongo: in-t*ui*-to);
E – "refluíra": o hiato forma sílaba sozinho (re-flu-í-ra); "destruindo": sem acento, pois o hiato forma sílaba com consoante diferente de "s" (des-tru-*in*-do). Nota adicional: "refluíra" (paroxítona) é pretérito mais-que-perfeito; "refluirá" (oxítona) é futuro do presente.

37. E) As regras são, respectivamente: das proparoxítonas ("*úl*timos", "*pú*blico"); das oxítonas terminadas por "em" ("arma*zém*", "tam*bém*"); das paroxítonas terminadas em ditongo (i-mun-dí-c*ie*, ví-c*io*); do "i" e "u" em hiato (vi-*ú*-vo, sa-*ú*-de).

COMENTÁRIO(S):

A – "Fe*nô*meno": regra das proparoxítonas; "algu*ém*": das oxítonas; "bala*ús*tre": do "i" ou "u" em hiato; "tên*ue*": das paroxítonas terminadas em ditongo (tê-n*ue*);
B – "*â*mago": das proparoxítonas; "de*tém*": das oxítonas; "bíl*is*" e "júr*i*": das paroxítonas;
C – "vác*uo*" e "núpc*ias*": das paroxítonas terminadas em ditongo, seguido ou não de "s" (vá-c*uo*, núp-c*ias*); "ac*ém*": das oxítonas; "*mí*ope": das proparoxítonas;
D – "etér*eo*" e "rég*io*": das paroxítonas terminadas em ditongo (e-té-r*eo*, ré-g*io*); "álb*um*": das paroxítonas; "chap*éu*": dos ditongos abertos "éi", "ói", "éu".

38. C) Emprega-se "por quê" (separado, com acento) em fim de frase (interrogativa ou não).

COMENTÁRIO(S):

E – Nesta alternativa, "que" é pronome relativo, e a expressão, como um todo, é equivalente a "pelo qual" (e variações): "Os cursos pelos quais passavam...". Quando "que" é pronome relativo, "por que" se grafa separadamente, sem acento.

39. A) "Pól*en*" segue regra das paroxítonas (acentuam-se as terminadas por "en", mas não as terminadas por "ens": "pol*ens*"). As demais seguem a regra das oxítonas terminadas por "em" (todas acentuadas).

COMENTÁRIO(S):

B – Sim, pois a sílaba tônica é a antepenúltima e todas as proparoxítonas são acentuadas, sem exceção (hi-dro-*grá*-fi-cas);
C – Sim; todas são paroxítonas terminadas em ditongo, seguido ou não de "s" (re-sí-d*uos*, nú-cl*eos*, es-pé-c*ie*, ne-gó-c*ios*);
D – Sim; todas são proparoxítonas (sílabas tônicas em destaque): "a-gro-*tó*-xi-co", "*tó*-xi-co", "sil-*ví*-co-la", "*ár*-vo-re", "a-ma-*zô*-ni-co".

40. A

COMENTÁRIO(S):

II – As palavras "*lú*brica" e "*tór*rido" são acentuadas por serem proparoxítonas; "até" por ser oxítona; "c*éu*" devido ao ditongo aberto "éu".
V – O vocábulo "é" recebe acento por ser monossílabo "terminado" em "e(s)" ("ele é", "tu és"). "É" (do verbo "ser") e "e" (conjunção aditiva) são palavras diferentes; o acento em "é" não deve ser tratado como diferencial.

41. A) Acentuam-se o "i" e "u" em hiato quando formam sílaba com "s" (ba-la-*ús*-tre, fa-*ís*-ca, ju-da-*ís*-mo) ou sozinhos (Ja-ca-re-*í*).

COMENTÁRIO(S):

B – "Ca*i*rdes": sem acento, pois o hiato forma sílaba com letra diferente de "s" (ca-*ir*-des); "baía": com acento, pois forma sílaba sozinho (ba-í-a) (no sentido de "golfo", pois há a palavra "baia", sem acento, dissílaba (b*ai*-a), no sentido de "tabique"); "ba*ús*": com acento, da mesma forma que "bala*ús*tre" ou "juda*ís*mo" (do enunciado); "ju*í*zes": com acento, da mesma forma que "Jacare*í*"; "sa*í*ram": com acento, da mesma forma que "Jacare*í*" ou "ba*í*a"; "atra*i*u": sem acento (não se acentua a base do ditongo "iu");

C – "caístes": com acento, da mesma forma que "balaústre" ou "judaísmo"; "Jaú": com acento, da mesma forma que "Jacareí" ou "baía"; "Avaí": com acento, da mesma forma que "Jacareí";

D – "pa*u*is": sem acento, pois o hiato forma sílaba com letra diferente de "s" (pa-*u*is); "Itaú": com acento, da mesma forma que "Avaí", por exemplo; "ra*i*z": sem acento, pelo mesmo motivo de "ca*i*rdes", da primeira alternativa (confronte-se: ra-í-zes).

42. E) "Para*í*so" e "Ja*ú*": acentuam-se o "i" e "u" em hiato quando formam sílaba sozinhos ou com "s" (pa-ra-*í*-so, Ja-*ú*), "diár*io*": acentuam-se as palavras paroxítonas terminadas em ditongo (di-<u>á</u>-r*io*).

COMENTÁRIO(S):

A – "Tamb*êm*": não se emprega acento circunflexo sobre o "e" nasal, exceto como acento diferencial nos verbos "ter" ("têm") e "vir" ("vêm") e seus derivados (no plural): "detêm", "contêm", "sobrevêm", etc.;

B – "Pacaemb*ú*": não se acentuam as oxítonas terminadas em "i" ou "u" quando essas vogais vêm precedidas de consoante (acentuam-se, porém, quando formam hiato);

C – "perd*í*": não se acentua, pela mesma razão que não acentuamos "Pacaembu";

D – "apel*o*": não se acentuam paroxítonas terminadas em "o(s)", nem mesmo para distinguir timbre fechado do aberto: "o apelo" (ê), "eu apelo" (é).

43. A) "Preju*í*zo": Acentuam-se o "i" ou "u" em hiato quando formam sílaba sozinhos ou com "s" (pre-ju-*í*-zo); "têxt*ei*s": acentuam-se as paroxítonas terminadas em ditongo, seguidas ou não de "s" (<u>têx</u>-t*eis*"), "reduz*i*-lo": não se acentuam as oxítonas terminadas em "i" ou "u" quando essas vogais vêm precedidas de consoante (relembrando que "-lo" se desconsidera para a acentuação, isto é, trata-se de uma oxítona terminada em "i").

COMENTÁRIO(S):

No plural, o "e" não muda de timbre, permanece fechado, portanto a grafia "téxteis" não se justifica; o plural "textis" tampouco se justifica.

44. D) "Fúti*l*", "híf*en*": acentuam-se as paroxítonas com terminações diferentes de "a(s)", "e(s)", "o(s)", "em", "ens"; "âns*ia*": acentuam-se as palavras paroxítonas terminadas em ditongo, de qualquer tipo (ân-*sia*); "deca*í*do": acentuam-se o "i" e "u" em hiato quando formam sílabas sozinhos ou com "s", e desde que não venham precedidos de ditongo decrescente nem seguidos de "nh" (de-ca-*í*-do).

COMENTÁRIO(S) (correção das palavras erradas):

A – "Id*ei*a": aboliu-se o acento nos ditongos abertos "éi" e "ói" nas paroxítonas (i-*dei*-a); "urub*u*": não se acentuam as oxítonas terminadas em "i(s)" ou "u(s)", a menos que essas vogais formem hiato;
B – "it*em*": não se acentuam as palavras paroxítonas terminadas por "em" ou "ens", pois essas terminações já preveem acento nas oxítonas; "her*oi*co": aboliu-se o acento nos ditongos abertos "éi" e "ói" nas palavras paroxítonas (he-*roi*-co);
C – "japonês*a*": não se acentuam paroxítonas terminadas em "a(s)", "e(s)", "o", "em" ou "ens", pois essas terminações já preveem acento nas oxítonas (nota: "japonês" tem acento por se tratar de oxítona terminada em "es") (relembrando: para as regras de acentuação, "japonesa" e "japonês" são palavras completamente distintas);
E – "ap*oi*a": aboliu-se o acento nos ditongos abertos "éi" e "ói" nas palavras paroxítonas (a-*poi*-a); "tapete": não se acentuam palavras paroxítonas terminadas em "a(s)", "e(s)", "o", "em" ou "ens", pois essas terminações já preveem acento nas oxítonas).

45. D) "Creem" e "veem": aboliu-se o acento nos hiatos "ee" e "oo", em todos os casos; o acento circunflexo em "têm" é diferencial (para distinguir terceira pessoa do singular, sem acento, da terceira pessoa do plural, com acento.

COMENTÁRIO(S):

As três primeiras alternativas trazem a forma verbal "vem"; esta provém do verbo "vir" ("eu venho, tu vens, ele vem... eles vêm"); a forma do verbo "ver" é que apresenta o hiato "ee": "eu vejo, tu vês, ele vê... eles veem") (lembrete: o acento em "vê", monossílaba tônica, não o justifica em "veem", paroxítona terminada por "em". Para as regras de acentuação, são palavras completamente distintas).

46. E) "Pôr": verbo, com acento diferencial, para distinguir-se da preposição "por" (monossílaba átona) (atente no plural: "pores do sol"); "Paranava*í*": regra dos hiatos ("i" forma sílaba sozinho: Pa-ra-na-va-*í*); "tranquila": aboliu-se o trema em todos os casos, permanecendo apenas em palavras de origem estrangeira.

47. E) "Apoteose": não se acentuam palavras paroxítonas terminadas em "e(s)" (as oxítonas terminadas em "e(s)", estas sim, são acentuadas). Note-se que a palavra "publico" pode ser o verbo "publicar" ("eu publico", sem acento), substantivo ("o público") ou ainda adjetivo ("assunto de interesse público").

COMENTARIO(S):

Nas demais alternativas, todas as palavras são acentuadas.

48. B) Todas as palavras se enquadram nas regras das paroxítonas (não se acentuam as terminadas em "a(s)", "e(s)", "o(s)", "em" ou "ens", pois essas terminações já preveem acento nas oxítonas).

COMENTÁRIO(S):

A – "*Chá*vena", "pe*rí*frase", "*ê*xodo": todas acentuadas por se tratar de palavras proparoxítonas;
C – "leu*có*cito" e "*mú*sica": proparoxítonas; "ra*í*zes": acentuam-se o "i" e o "u" em hiato quando formam sílaba sozinhos ou com "s", e desde que não estejam precedidos de ditongo decrescente nem seguidos de "nh" (lembrete: existe o verbo "musicar": "Ele musica poemas.");
D – "nód*oa*": acentuam-se as palavras paroxítonas terminadas em ditongo, de qualquer tipo, seguido ou não de "s" (nó-d*oa*); "ar*qué*tipo": proparoxítona; "bôn*us*": acentuam-se as paroxítonas não terminadas em "a(s)", "e(s)", "o(s)", "em", "ens", pois essas terminações já preveem acento nas paroxítonas;
E – "líqu*en*" e "júr*i*": acentuadas pelo mesmo motivo que "bônus" (alternativa anterior); "*ó*bolo": proparoxítona.

49. D) "Perdoo": aboliu-se o acento nos hiatos "ee" e "oo" (per-do-o), em todos os casos. A palavra "coco" não recebe acento, naturalmente, quando nos referimos à fruta (no sentido de "excremento" é oxítona e, portanto, acentuada: "cocô"); note-se, entretanto, que não se trata de acento diferencial.

COMENTÁRIO(S):

> A – "Helo*í*sa", "ru*í*do" e "ju*í*zes": todas obedecem à regra dos hiatos "i" e "u";
> B – "ca*í*do": acentuam-se o "i" ou o "u" em hiato quando formam sílaba sozinhos ou com "s", e desde que não venham precedidos de ditongo decrescente nem seguidos de "nh"; "destr*ói*": acentuam-se os ditongos abertos "éi" e "ói", exceto nas palavras paroxítonas; "trajetór*ia*": acentuam-se as paroxítonas terminadas em ditongo, de qualquer tipo (tra-je-tó-r*ia*);
> C – "fór*uns*", "níve*l*", "tóra*x*": todas se enquadram na regra das paroxítonas (acentuam-se as não terminadas em "a(s)", "e(s)", "o(s)", "em", "ens", pois essas terminações já preveem acento nas oxítonas);
> E – "*pé*rola": acentuam-se todas as palavras proparoxítonas; "fêni*x*" e "biquín*i*": acentuam-se de acordo com a regra das paroxítonas (vide a justificativa da alternativa anterior).

50. C) A palavra "aérea" deve ser acentuada de acordo com uma destas justificativas: paroxítona terminada em ditongo (a-é-r*ea*) ou proparoxítona eventual (a-*é*-re-a); note-se, porém, que não há consenso quanto ao conceito de proparoxítonas eventuais.

COMENTÁRIO(S):

> A – "Funcionár*ia*", "formulár*ios*" e "iníc*io*": acentuam-se as paroxítonas terminadas em ditongo, de qualquer tipo, seguido ou não de "s" (funcio-ná-r*ia*, for-mu-lá-r*ios*, i-ní-c*io*); "remeter*á*" e "at*é*": acentuam-se as oxítonas terminadas em "a(s)", "e(s)", "o(s)", "em", "ens"; "*pró*ximo": acentuam-se todas as palavras proparoxítonas; "m*ês*": acentuam-se as monossílabas tônicas terminadas em "a(s)", "e(s)" ou "o(s)";
> B – "ningu*ém*": acentuam-se as palavras oxítonas terminadas em "a(s)", "e(s)", "o(s)", "em", "ens"; "ca*tás*trofe": acentuam-se todas as palavras proparoxítonas; "ôn*us*": acentuam-se as palavras paroxítonas com terminações diferentes de "a(s)", "e(s)", "o(s)", "em", "ens"; "pa*ís*":

acentuam-se o "i" ou o "u" em hiato quando essas vogais formam sílaba sozinhas ou com "s", e desde que não venham precedidas de ditongo decrescente nem seguidas de "nh";
D – "assemb*lei*a": aboliu-se o acento nos ditongos abertos "éi" e "ói" nas palavras paroxítonas; "caráte*r*" e "inadiáve*l*": acentuam-se as paroxítonas com terminações diferentes de "a(s)", "e(s)", "o(s)", "em", "ens";
E – "órg*ão*", "providênc*ia*(s)" e "cabív*eis*": acentuam-se as paroxítonas terminadas em ditongo, de qualquer tipo, seguido ou não de "s" (ór-*gão*, pro-vi-dên-c*ias*, ca-bí-v*eis*); "tomar*á*": acentuam-se as palavras oxítonas terminadas em "a(s)", "e(s)", "o(s)", "em", "ens".

51. E) "Os educadores não <u>têm</u>...": acento diferencial; "... grandes <u>divergências</u>..." e "... reconhecer a <u>ineficiência</u>...": acentuam-se as palavras paroxítonas terminadas em ditongo, de qualquer tipo, seguido ou não de "s" (di-ver-<u>gên</u>-c*ias*, i-ne-fi-ci-<u>ên</u>-c*ia*); "... nas <u>últimas</u> <u>décadas</u>": acentuam-se todas as palavras proparoxítonas.

COMENTÁRIO(S) (correção das palavras erradas):

A – "Eucalipt*o*": não se acentuam paroxítonas terminadas em "a(s)", "e(s)", "o(s)", "em", "ens" (tais terminações já preveem acento nas oxítonas); "indústr*ia*": acentuam-se as paroxítonas terminadas em ditongo, de qualquer tipo, seguido ou não de "s" (in-dús-tr*ia*);
B – "propedê*u*tico": acentuam-se todas as palavras proparoxítonas;
C – "cumpr*i*-la": não se acentuam palavras oxítonas terminadas em "i(s)" ou "u(s)" quando essas vogais vêm precedidas de consoante (relembrando: desconsidera-se "-la" para a acentuação, ou seja, trata-se de uma oxítona terminada em "i");
D – "viúva": acentuam-se o "i" e o "u" em hiato quando formam sílaba sozinhos ou com "s", e desde que não estejam precedidos de ditongo decrescente nem seguidos de "nh".

52. A) "ju*iz*": não se acentuam o "i" e o "u" em hiato quando formam sílaba com letra diferente de "s" (ju-*iz*); "substituí-lo": acentuam-se as palavras oxítonas terminadas em "i(s)" ou "u(s)" apenas quando essas vogais formam hiato (subs-ti-tu-*í*); "receb*í*amos": acentuam-se todas as palavras proparoxítonas (re-ce-<u>*bí*</u>-a-mos); "bôn*us*": acentuam-se as palavras paroxítonas com terminações diferentes de "a(s)", "e(s)", "o(s)", "em" e "ens".

53. B) Todas seguem a regra das oxítonas (acentuam-se, entre outras, as terminadas por "em" ou "ens").

COMENTÁRIO(S):

A – "Tendênc*ia*": regra das paroxítonas terminadas em ditongo (ten-dên-*cia*); "possíve*l*": regra das paroxítonas; "*mí*nimo": das proparoxítonas;
C – "te*ó*ricos" e "hi*pó*tese": regra das proparoxítonas; "construído": dos hiatos "i" e "u";
D – "imagi*ná*ria" e "inevitáve*l*": das paroxítonas; "já": das monossílabas tônicas;
E – "secretár*ia*" e "revólve*r*": das paroxítonas; "Anhagaba*ú*": dos hiatos "i" e "u".

54. A) "Ma*nhã*" e "No*bel*" (oxítonas); "refém" e "mist*er*" (oxítonas); "*lê*vedo" e "pro*tó*tipo": proparoxítonas (nota: "*lê*vedo", proparoxítona = que fermentou, levedado; "le*ve*do", paroxítona = "levedura").

COMENTÁRIO(S):

B – "Ureter" (oxítona), "necropsia" (paroxítona), "fôlego" (proparoxítona);
C – "sutil" (oxítona), "cânon" (paroxítona), "Niágara" (proparoxítona);
D – "recém" (oxítona), "néctar" e "erudito" (paroxítonas);
E – "réptil" e "sarongue" (paroxítonas) (ou "reptil", oxítona, grafia rara), "soror" (oxítona) (ou "sóror", paroxítona).

55. A) "Su*til*" é palavra oxítona (su-*til*); dentre as oxítonas, acentuam-se somente as terminadas em "a(s)", "e(s)", "o(s)", "em", "ens".

COMENTÁRIO(S):

B – "Ontem não pôde...": acento diferencial obrigatório, para distinguir-se do presente do indicativo;
C – "O ruído dos motores...": acentuam-se o "i" e o "u" em hiato quando formam sílaba sozinhos ou com "s", e desde que não estejam precedidos de ditongo decrescente nem seguidos de "nh";
D – "No andar térreo...": acentuam-se as palavras paroxítonas terminadas em ditongo, de qualquer tipo, seguido ou não de "s" (tér-

reo) (pode-se também considerá-la uma proparoxítona eventual: "tér-re-o");
E – "Espera-se que o órgão...": acentuam-se as palavras paroxítonas terminadas em ditongo, de qualquer tipo, seguido ou não de "s" (ór-gão).

56. E) "Raízes": acentuam-se o "i" e o "u" em hiato, quando formam sílaba sozinhos ou com "s", e desde que não estejam precedidos de ditongo decrescente nem seguidos de "nh" (ra-í-zes); "declínio": acentuam-se as palavras paroxítonas terminadas em ditongo, de qualquer tipo, seguido ou não de "s" (de-clí-n*io*); "hífe*n*": acentuam-se as palavras paroxítonas não terminadas em "a(s)", "e(s)", "o(s)", "em", "ens", pois essas terminações já preveem acento nas oxítonas.

COMENTÁRIO(S):

A – "Emprego" e "nele": não se acentuam paroxítonas terminadas em "a(s)", "e(s)", "o(s)", "em" ou "ens", pois essas terminações já preveem acento nas oxítonas; "pessegozinho": mesma justificativa (a sílaba tônica é "zi"; o acento em "pêssego" não é mantido, pois a sílaba tônica se deslocou, com o acréscimo de "-zinho");
B – "para": aboliu-se o acento diferencial neste caso ("pára" verbo e "para" preposição), "(a) re*pú*blica": acentuam-se todas as palavras paroxítonas (compare com o verbo: "ele repu*bli*ca"); "rainha": não se acentuam o "i" nem o "u" em hiato quando estes vêm seguidos de "nh" (mesmo que formem sílaba sozinhos: "ra-i-nha");
C – "país": acentuam-se o "i" e o "u" em hiato, quando formam sílaba sozinhos ou com "s", e desde que não estejam precedidos de ditongo decrescente nem seguidos de "nh" (pa-ís); "gra*vís*sima": acentuam-se todas as palavras proparoxítonas; "capitalism*o*": não se acentuam paroxítonas terminadas em "a(s)", "e(s)", "o(s)", "em", "ens", pois essas terminações já preveem acento nas oxítonas;
D – "imprescindíveis": acentuam-se as palavras paroxítonas terminadas em ditongo, de qualquer tipo, seguido ou não de "s" (im-pres-cin-dí-v*eis*); "ideologia": não se acentuam paroxítonas terminadas em "a(s)", "e(s)", "o(s)", "em", "ens", pois essas terminações já preveem acento nas oxítonas (i-de-o-lo-gi-*a*); "juiz": não se acentuam o "i" nem o "u" em hiato quando formam sílaba com letra diferente de "s" (j*u*-*i*z).

Impressão e acabamento
Gráfica da Editora Ciência Moderna Ltda.
Tel: (21) 2201-6662